学习贯彻习近平新时代中国特色社会主义经济思想
做好“十四五”规划编制和发展改革工作

| 系列丛书 |

构建现代物流体系

丛书编写组　编著

中国市场出版社
China Market Press

·北京·

图书在版编目（CIP）数据

构建现代物流体系 / 学习贯彻习近平新时代中国特色社会主义经济思想 做好“十四五”规划编制和发展改革工作系列丛书编写组编著. —北京：中国市场出版社有限公司：中国计划出版社，2020.8

（学习贯彻习近平新时代中国特色社会主义经济思想 做好“十四五”规划编制和发展改革工作系列丛书）

ISBN 978-7-5092-1987-4

Ⅰ. ①构… Ⅱ. ①学… Ⅲ. ①习近平新时代中国特色社会主义思想 – 学习参考资料 ②物流管理 – 中国 – 学习参考资料 Ⅳ. ①D610 ②F259.22

中国版本图书馆CIP数据核字（2020）第160660号

构建现代物流体系

GOUJIAN XIANDAI WULIU TIXI

编　　著： 丛书编写组
责任编辑： 许　寒　钱　伟
装帧设计： 蒋宏工作室

出版发行： 中国市场出版社　中国计划出版社
社　　址： 北京市西城区月坛北小街2号院3号楼（100837）
电　　话：（010）68034118 / 68032104 / 68020340
网　　址： http://www.scpress.cn

印　　刷： 河北鑫兆源印刷有限公司
规　　格： 170mm × 240mm　　1/16开本
印　　张： 14.75　　**字　　数：** 140千字
版　　次： 2020年8月第1版　　**印　　次：** 2020年8月第1次印刷
书　　号： ISBN 978-7-5092-1987-4
定　　价： 48.00元

前 言

现代物流业是融合运输、仓储、货代、信息等产业的复合型服务业，是支撑国民经济发展的基础性、战略性、先导性产业。党的十八大以来，各级政府部门、行业协会、物流业界以习近平新时代中国特色社会主义思想为指导，贯彻落实党中央、国务院决策部署，推动我国现代物流业发展取得显著成绩，行业规模持续扩大，货运量、快递业务量等跃居全球前列，新兴技术应用催生的各类物流新业态新模式层出不穷，社会物流成本水平明显下降，对国民经济发展的支撑保障作用日益凸显。但总体看，我国现代物流业“大而不强”，部分领域“小、散、乱”问题突出，物流服务网络覆盖范围、运行效率有待提升。“十四五”时期是我国全面建成小康社会、实现第一个百年奋斗目标之后，乘势而上开启全面建设社会主义现代化国家新征程、向第二个百年奋斗目标进军的第一个五年。面对错综复杂的国内外经济形势，迫切需要加快推动现代物流业高质量发展，提高物流服务效率和质量，降低实体经济物流成本水平，促进现代物流业“由大到强”，为经济高质量发展奠定坚实基础。

习近平总书记高度重视现代物流业发展，先后作出一系列重要指示批示，不仅极大丰富了马克思关于生产、流通、消费的关系理论，而且敏锐捕捉到现代物流业密切衔接生产和消费，促进社会再生产的创新发展方向。“物流业一头连着生产、一头连着消费，在市场经济中的地位越来越凸显”的重要指示深刻揭示了现代物流业对促进现代产业组织方式变革的重要地位和作用。“着力打通生产、分配、流通、消费各个环节，加快形成以国内大循环为主体、国内国际双循环相互促进的新发展格局，培育新形势下我国参与国际合作和竞争新优势”更是从产业链、供应链、价值链层面指明了现代物流业转型和创新发展方向。“这个时候，快递小哥、环卫工人、出租车司机以及千千万万的劳动者，还在辛勤工作，我们要感谢这些美好生活的创造者、守护者”深刻体现了习近平总书记对现代物流业实践性的洞察和对一线物流劳动者的关心关怀。习近平总书记就现代物流业地位、作用、创新、转型、服务等方面作出的重要论述，是习近平新时代中国特色社会主义经济思想的有机组成部分，是推进现代物流体系建设的重要指针，是指导新时代我国现代物流业发展实践的理论基础和基本遵循。

为深入学习领会习近平新时代中国特色社会主义经济思想，按照有关工作安排，我们组织编写了《构建现代物流体系》一书，旨在学深悟透习近平总书记关于现代物流业发展的重要论述，总结党的十八大以来我国现代物流业发展实践，指导和推动“十四五”时期现代物流业高质量发展行稳致远。全书共分为5部分：第一章，充分认识习近平总书记关于现代物流业发展重要论述的重大意义。主要从经济社会发展全局角度，深入分析习近平总书记相关重要论述对做好现代物流业发展工作的重要指导意义。第二章，学习贯彻习近平总书记关于现代物流业发展重要论述的深刻体会。主要结合我国现代物流业发展，论述如何深刻理解和正确把握习近平总书记相关重要论述的主要内容、总体要求等。第三章，我国现代物流业发展取得显著成绩。系统总结党的十八大以来，我国现代物流业在习近平总书记相关重要论述指引下取得的发展成就。第四章，“十四五”时期我国现代物流业发展面临的形势。深入分析“十四五”时期我国面临的国内外形势和环境，以及对我国现代物流业发展提出的新要求。第五章，推动“十四五”时期现代物流业发展迈上新台阶。主要阐述“十四五”时期我国现代物流业发展的战略定位、基本原则和实施路径等。

本书深入学习贯彻习近平总书记关于现代物流业发展的重要论述，有较强的理论性、实践性和前瞻性，对政府部门编制“十四五”相关规划和研究制定有关政策，科研院所、专业院校开展学术研究具有重要参考价值。

本书编写组

2020年8月

目 录

第一章
充分认识习近平总书记关于现代物流业发展重要论述的重大意义

第二章
学习贯彻习近平总书记关于现代物流业发展重要论述的深刻体会

第三章
我国现代物流业发展取得显著成绩

第四章
“十四五”时期我国现代物流业发展面临的形势

第五章
推动“十四五”时期现代物流业发展迈上新台阶

第一章

充分认识习近平总书记关于现代物流业发展重要论述的重大意义

习近平总书记高度重视现代物流业发展，多次强调要通过发展现代物流业营造低成本、高效率、强辐射的供应链环境，服务产业链延伸，促进其他产业和区域经济发展；多次作出重要指示批示，明确现代物流业发展的总体定位、实施路径、主攻方向和重点任务。习近平总书记关于现代物流业发展的重要论述对指引新时代我国现代物流体系建设具有重大的理论创新和实践指导意义。

第一节

确立现代物流业在国民经济发展中的基础地位

习近平总书记指出，物流业一头连着生产、一头连着消费，在市场经济中的地位越来越凸显[1]。这一重要论述站在生产与消费交互关系高度，强调了现代物流业在保障国民经济平稳高效运行中的重要地位，为深化供给侧结构性改革提供了科学注解，对促进现代物流业发展，培育经济发展新动能，保障民生福祉具有重要指导意义。

[1] 在山东考察时的讲话（2013年11月24–28日），《人民日报》2013年11月29日。

一、国民经济高效运行的重要支撑

（一）促进形成区域协调发展大格局

我国幅员辽阔、美丽富饶，正在开启全面建设社会主义现代化国家新征程，实现中华民族伟大复兴的中国梦。在960多万平方公里的广袤大地上开展经济社会建设，复杂多变的地形地貌、丰饶的自然资源、多彩的人文风貌、门类有别的产业布局，使不同区域形成了各具特色的比较优势。东部沿海地区依托舟楫之便，适宜发展技术、资本、人才和劳动力密集型产业，出口导向型产业成为长期特色；中部地区沃野千里、人口众多，维系了中华民族数千年繁衍，是发展内需型产业、打造内陆开放高地的沃土；东北地区地广人稀、土地肥沃、蕴藏丰富，适宜发展现代农林业、装备工业，向北开放空间巨大；西北地区能源资源丰富、生态承载能力相对薄弱，新能源新制造新贸易方兴未艾，共建“一带一路”倡议启封了欧亚贸易的“千年陈酿”；西南地区风光旖旎、风情独特、文化多元，旅游业商贸业发展条件得天独厚。我国区域发展分工大格局的形成，既得益于因地制宜的比较优势，更有赖于发达通畅的物流网络和连接生产、消费的物流服务体系。随着交通强国建设深入推进和现代物流业转型升级步伐加快，我国生产力布局将更趋优化，在更大范围、最大限度发挥各地比较优势。

党的十九大作出建设现代化经济体系的重大战略部署，对促进国际国内产业大分工、大合作的现代大生产模式发展，加快不同产业门类之间、产业链上下游之间物资大交换，推动我国经济高质量发展和产业迈向全球价值链中高端意义重大、影响深远。面对新的发展形势和任务，必须按照进一步发挥区域比较优势的要求，顺应现代物流业发展趋势，实现相关产业部门对内对外发展大腾挪，将各产业链上下游企业间的原材料、零部件、中间品、最终产品物流紧密结合起来，构建起更加高效连接生产、消费的现代供应链体系，加快产业的价值提升和创造进程。

实体产业的跨空间分布特点和现代化规模化生产的物资交换需求，催生了现代物流业空间位移服务和时间存储价值的新发展。不同经济区域间相互联系与城市间互动必然依赖有形的物流网络与无形的物流服务。通过构建连接不同地区的物流通道网络、完善全国各地不同层级类型的物流节点、促进形成高质量的物流基础设施网络，打造高效的物流服务产品，现代物流业打破生产经营活动的时空限制，将不同地区紧密连接在一起，为优化我国经济空间布局、推动区域经济协调发展创造了更好条件。

（二）推动实体经济运行降本增效

习近平总书记指出，我们国家物流费用成本偏高，这其中就有运输效率不高的问题，究其原因，主要是各种运输方式各自为政发展，各种交通运输方式衔接协调不畅、彼此结构不平衡不合理导致的[1]。习近平总书记强调，要完善省际协商合作机制，协调解决跨区域基础设施互联互通、流域管理统筹协调等重大问题，如各种交通运输方式怎样统筹协调发展、降低运输成本、提高综合运输效益。

物流费用是实体经济运行的重要成本之一，也是影响生产、消费的重要因素。降低物流成本既是增强企业产品价格优势、提高市场竞争力的有效措施，又是提升行业治理体系和治理能力现代化水平的重要举措，更是提升我国产业链、供应链、价值链发展水平的重要着力点，具有重大意义。1991年，我国社会物流总费用为5 182亿元，与国内生产总值的比率为24.0%；2012年为9.4万亿元，与国内生产总值的比率为18%。2015年底，中央经济工作会议作出“三去一降一补”重要部署，明确要求降低物流成本，推进流通体制改革，帮助实体企业降低成本。近年来，在各地方、相关部门和行业共同努力下，物流降本增效取得积极成效，社会物流成本水平总体保持下降态势。2019年，我国社会物流总费用与国内生产总值的比率下降到14.7%，降本增效成效明显。但横向看，仍明显高于美国、德国、日本等经济发达国家，物流降本增效仍任重而道远。

（三）促进生产和消费高效匹配

生产和消费作为社会再生产过程的两大重要环节，并非天生就

[1]《在深入推动长江经济带发展座谈会上的讲话》（2018年4月26日），《求是》2019年第17期。

能在时间、空间上任意匹配。工业生产一般以批量化、标准化为主要特征，个人消费则具有碎片化、个性化特征，再加上市场机制不完善带来的信息不对称、不完全问题，导致批量化、标准化的产品很难直接满足市场实际消费需求。对此，生产企业可以通过市场调查等手段在一定程度上获取消费者需求信息，并据此安排生产；消费者可以通过广告等途径在一定程度上获取各类商品概况信息，并据此进行选购，从而通过层级复杂的商贸流通体系和服务网络，使商品从工厂到达最终用户手中。但这种基于有限信息传递的产品改进、商品选择和流通方式，效率往往十分低下，国民经济运行也因为供给端和需求端的信息匹配效率不高而导致低效和浪费。

现代物流业特别是现代供应链的出现将生产和消费紧密连接起来，使供需匹配效率大为改观。由于现代供应链打通了各个环节的商品需求、库存、运输等信息，消费者对商品数量、品质等需求信息可以通过供应链条及时反馈给企业，既为生产企业借助现代工艺安排小批量、个性化商品生产，乃至柔性化生产和生产服务化创造了条件，又为物流企业开展高度组织化、网络化的物流服务奠定了基础。因此，现代物流业的发展带来了更加高效的供需对接方式，提高了库存周转和商品流通速度，使国民经济运行效率大幅提高。更为重要的是，随着专业化物流服务能力不断提升，商品销售从传统分级流通体系中解放出来，为工厂直供、电子商务等新型流通模式发展创造了条件，彻底改变了传统商贸业发展生态，形成了全新的产业发展和消费场景，为生产和流通组织创新奠定了坚实基础。

二、培育发展新动能的重要手段

（一）与现代技术装备深度融合，催生新业态

科技创新是推进物流供给侧结构性改革的重要抓手，是促进现代物流业高质量发展的重要途径。现代技术装备的广泛应用使各物流环节衔接更为紧密，为现代物流业高效运作提供了有力支撑。同时，由于现代科技及其与车、货、运、站等物流要素结合方式的多样化，衍生出十分丰富的应用场景。在车辆环节，辅助驾驶、车辆定位、行车安全等新技术应用日益广泛；在货物环节，产品跟踪溯源、冷链温度控制、货物标签与识别等技术手段日臻成熟；在运输环节，运输网络规划、车辆路径优化、智能调度、多式联运衔接等新技术大显身手；在场站（包括物流枢纽、物流园区、运输枢纽、货运站等物流节点）环节，智能运营规则管理、仓库选址、布局设计、库存优化、车货匹配等新技术应用空间广阔。特别是这些应用场景可以积累海量数据，为利用大数据、云计算等现代信息技术开展物流需求预测、影响因素分析、发展战略决策、供应链风险评估和控制等提供了有力支撑。

现代技术装备在物流领域的广泛应用，不仅提高了物流效率和服务多样性，而且催生了全新的技术应用场景和物流新业态，成为驱动物流创新发展的新动能。在仓储环节，机器人与自动化

分拣、可穿戴设备、无人驾驶叉车、货物识别等技术，驱动传统仓储向智能仓储转型；在干线运输环节，无人驾驶飞机、无人驾驶货轮、无人驾驶铁路货车、无人驾驶卡车彻底改变了干线运输格局；在“最后一公里”配送环节，小型无人机、快递机器人、可穿戴外骨骼设备等彻底突破了人工的体力局限；在末端环节，智能快递柜等使配送时间窗口大幅延长。总体看，物联网、大数据、云计算、人工智能、第五代移动通信（5G）、区块链等技术广泛应用，大大加速了现代物流业向智慧物流迈进的进程，加速生成智慧经济新形态。

（二）与社会再生产各环节深度融合，孕育新产业

习近平总书记在党的十九大报告中指出，推动互联网、大数据、人工智能和实体经济深度融合，在中高端消费、创新引领、绿色低碳、共享经济、现代供应链、人力资本服务等领域培育新增长点、形成新动能。现代物流业连接着生产和消费，与生产、生活密不可分。随着制造业产业升级、商贸业模式变革，现代物流业进一步深化与相关产业的联动融合，通过流程再造、效率提升和模式创新形成协同效应，建立新型产业融合战略合作关系，并催生形成物流新业态新模式，主要体现在电子商务与快递网络相互赋能的“新零售”、物流枢纽网络、物流枢纽经济、网红经济、工业互联网等。物流新业态新模式将生产、流通、消费更加紧密地有机结合在一起，形成了深度融合的嵌入式发展关系，又因物流业态模式创

新持续推进，通过需求拉动促进新一轮科技革命和产业组织方式变革，对不同产业间的组合、不同行业间的整合、企业内部价值链和外部产业链环节的分化融合提供了技术支持手段和组织形态变革环境，从而成为现代产业体系的有机组成部分和建设发展方向。

现代物流业贯穿一二三产业，一头连着生产、一头连着消费，在实现自身产业形态创新的同时，物流服务运行与业务操作，已经与生产、流通、消费等环节深度融合，孕育了丰富多彩的物流新业态，这些新业态有机对接生产和消费，及时捕捉和培育对产业发展具有拉动作用的新需求，进而使得新业态具有更加广阔的成长空间。在农业农村方面，现代物流业与“农产品进城、工业品下乡”相结合，改变了农村流通方式，产生了农村电商物流；在制造业领域，现代物流业与制造业联动，改变了原材料、零部件供应方式，产生了精益管理、敏捷制造、智能生产等新模式；在商贸业领域，线下快递与线上电子商务融合，产生了电商快递；在其他服务业领域，现代物流业与旅游业密切结合，壮大了旅游购物，与金融业融合，产生了物流金融，现代物流业已成为发展新业态孕育新产业的重要阵地。

（三）推动要素跨区域跨产业流动，激发新活力

习近平总书记在党的十九大报告中明确将要素市场化配置作为经济体制改革的两个重点之一。中共中央、国务院印发的《关于构建更加完善的要素市场化配置体制机制的意见》指出，深化要素市

场化配置改革，促进要素自主有序流动，提高要素配置效率，对于加快完善社会主义市场经济体制、建设高标准市场体系、推动经济高质量发展具有重要意义。促进资源要素在区域、产业间高效流动，是提升经济运行活力的重要手段，但与现代化经济体系建设对要素流动的要求相比，行政主管部门“各管一行”、地方政府“各管一片”的管理体制造成相关政府部门推动要素跨行业、跨区域流动的内在动力不足；同时，要素市场化体制机制不健全，土地、劳动力、资本、技术、数据等经济发展要素缺乏自由流动的环境条件和手段，要素自主有序流动面临一定障碍。

现代物流业具有较强的资源整合能力，借助系统化组织和网络化服务，能够为货物和其他资源高效流动提供有力支撑，对打破传统经济运行管理方式限制，加快要素在区域和产业间聚集、流动具有积极作用。以国家物流枢纽建设为例，通过引导物流、制造、商贸、金融、信息等产业资源在国家物流枢纽及周边聚集，实现产业要素高度融合，形成以现代物流业为要素流动组织者的枢纽经济新模式，并通过改善物流服务环境为地方经济发展和产业布局服务。国家物流枢纽建设得到相关省（区、市）政府和企业的高度重视，充分表明枢纽经济模式已为社会所接受。同时，通过建立跨区域物流通道，引导资源要素在沿线地区自由、规模流动，促进不同产业链环节在沿线城市合理配置，培育形成通道经济新模式，带动区域经济发展，也成为促进要素跨区域跨产业流动的有效方式。此外，通过搭建物流信息和交易平台，引导人流、物流、商流、资金流、信息流在平台上“多流汇集”，形成平台经济新模式，对突破要素自由流动障碍同样具有积极作用。

三、保障和改善民生福祉的重要依托

（一）畅通“双向通道”，推动解决“三农”问题

习近平总书记强调，现阶段，城乡差距大最直观的是基础设施和公共服务差距大，要把公共基础设施建设的重点放在农村，推进城乡基础设施共建共享、互联互通，推动农村基础设施建设提档升级[1]，建立全域覆盖、普惠共享、城乡一体的基础设施服务网络[2]。农村物流基础设施网络和服务体系建设具有显著的引领和基础保障作用，一方面，有利于畅通农产品进城、工业品下乡“双向通道”，拓展农产品销售渠道，促进农民增收，提高农民生活水平，扩大农村市场工业品优质供给，丰富农民物质生活；另一方面，有利于改善农村产业发展环境，创造良好的致富条件，并带动其他农村基础设施建设，彻底改变农村经济和产业发展面貌，对加快农业农村发展、切实提高农民幸福感获得感具有重要作用。

---

[1]《走中国特色社会主义乡村振兴道路》（2017年12月28日），《习近平关于“三农”工作论述摘编》，中央文献出版社2019年版，第40页。

[2] 在参加十三届全国人大二次会议河南代表团审议时的讲话（2019年3月8日），《习近平关于“三农”工作论述摘编》，中央文献出版社2019年版，第46页。

（二）便利居民消费，提高人民生活品质

习近平总书记指出，要解决好人民群众普遍关心的突出问题，提高公共服务水平和质量[1]。在发表2019年新年贺词时，习近平总书记指出，“这个时候，快递小哥、环卫工人、出租车司机以及千千万万的劳动者，还在辛勤工作，我们要感谢这些美好生活的创造者、守护者”[2]，这是对城市物流在提高人民生活品质方面所作出重要贡献的生动阐述和充分肯定。城市物流是城市基本公共服务的重要内容，关乎人民群众切身利益，集中体现了城市管理水平。统筹城乡、城际乃至国际物流服务体系发展，加强物流配送网络建设，完善废弃物物流服务体系，对保障城镇居民“购物到家、食品到桌”的日常消费需求，保障城市“吐故纳新”、正常运转具有重要作用，能够更好满足城镇居民对美好生活的向往。

（三）保障物资供应，托底经济社会安全

习近平总书记对保障粮食、能源等事关国家安全的战略物资供应高度重视，深刻指出要确保粮食安全，把中国人的饭碗牢牢端

[1]《在中央财经领导小组第十四次会议上的讲话》（2016年12月21日），《习近平关于社会主义经济建设论述摘编》，中央文献出版社2017年版，第118页。
[2]《国家主席习近平发表二〇一九年新年贺词》（2018年12月31日），《人民日报》2019年1月1日。

在自己手中[1]；能源安全是关系国家经济社会发展的全局性、战略性问题，对国家繁荣发展、人民生活改善、社会长治久安至关重要[2]。同时，保障自然灾害、公共卫生等重大突发事件时的应急物资供应关乎人民群众生命财产安全，习近平总书记对此高度重视，指出确保人民群众生命安全和身体健康，是我们党治国理政的一项重大任务，要完善重大疫情防控体制机制，健全国家公共卫生应急管理体系[3]。

无论是保障战略物资安全还是应急物资供应，现代物流业都发挥着至关重要的作用。通过构筑强大的国内战略物资储备基地和全球物流网络，能够为粮食、能源等战略物资供应安全提供有力支撑。完善强大的应急物流体系，将有效保障米面粮油、肉禽蛋奶等生活必需品以及医疗救助物资、防疫物资供应，为妥善应对自然灾害、公共卫生等重大突发事件奠定坚实基础。

[1]《决胜全面建成小康社会 夺取新时代中国特色社会主义伟大胜利——在中国共产党第十九次全国代表大会上的报告》（2017年10月18日），《人民日报》2017年10月28日。

[2] 在中央财经领导小组会议上的讲话（2014年6月13日），《人民日报》2014年6月14日。

[3] 在中央全面深化改革委员会第十二次会议上的讲话（2020年2月14日），《人民日报》2020年2月15日。

第二节

揭示现代物流业推动形成新发展格局的关键路径

习近平总书记指出，要着力打通生产、分配、流通、消费各个环节，逐步形成以国内大循环为主体、国内国际双循环相互促进的新发展格局，培育新形势下我国参与国际合作和竞争新优势[1]。这一重要论述深刻揭示了现代物流业推动形成新发展格局的关键路径，即从国内国际两个维度，维系双循环的产业链供应链稳定运行，通过延伸农业供应链、提升制造业价值链、创新商贸产业链，深化现代物流业与一二三产业协同联动、紧密融合，提高我国产业发展质量和效率。

[1] 在看望全国政协十三届三次会议经济界委员并参加联组会时的讲话（2020年5月23日），《人民日报》2020年5月24日。

一、延伸农业供应链提高农产品附加值

（一）促进生鲜农产品规模化发展

我国是名副其实的农业大国，主要农作物产量连续多年保持较高水平，并用世界7%左右的耕地养活了世界20%左右的人口。在传统农业发展模式下，农产品流通较大程度受到农产品自然特性和运输条件限制，除常温条件下易于保存、运输的粮食、棉花等少数品种外，绝大多数农产品销售范围基本局限在产地周围200公里范围内，只能借助销地化种养在全国各地布局种植地，这不仅使对土壤和气候条件要求较高的特色农产品丧失了规模化种养的可能，销地化分散种养的农产品也难以实现规模化生产，对农业生产效率效益产生较大影响。

现代物流业特别是冷链物流、电商物流的发展，能够彻底打破农产品流通范围受限、产品损耗过高、产销信息不对称等困境，通过建立覆盖范围广、服务功能强、全程不断链的冷链物流网络，依托电商平台、微商、直播等新型销售模式，有效地将产自特定区域的特色生鲜农产品销售到全国乃至世界各地，销售半径呈指数级扩大，为农业规模化生产经营、实现规模经济效益提供有力支撑。

（二）延伸农业产业链提高增值水平

现代农业竞争已由产品间竞争转为产业链间竞争。加快延伸农业产业链是深入推进农业供给侧结构性改革的重要举措，能有效弥补我国传统农业经营方式竞争优势不足的缺陷。我国传统农业产业链条短、产品附加值低，农业生产活动主要集中在原材料供应环节，缺乏向产业链两端的有效延伸；农产品深加工不足，副产物综合利用程度低，农产品加工转化率仅为65%，比发达国家低20个百分点；从产地到餐桌的产业链条不健全，影响农业发展质量和效益。

现代物流业特别是高效农产品物流服务体系的建立，为推进农村一二三产业融合发展，持续巩固农业加工链、快速发展农业服务链、不断完善农业功能链，助力农业延伸产业链、提高增值水平创造了有利条件。通过冷链物流服务，可以打通“从产地到餐桌”农产品销售链条；通过城乡物流服务，可以有效连接农产品种养和城市制造加工能力，延伸农产品加工链条，为农业转型升级注入新的活力；通过综合物流服务，搭建多种物流服务模式、构建“航空+高铁+公路”组合运输模式，可以打通农产品上下游，深耕产销两端需求，提供农产品种植“育、产、销”一体化解决方案。

（三）助力农业加快现代化建设步伐

习近平总书记指出，没有农业农村现代化，就没有整个国家现代化。在现代化进程中，如何处理好工农关系、城乡关系，在一定程度上决定着现代化的成败[1]。实现农业现代化是新时代我国农业发展总目标，对于社会主义现代化强国建设至关重要。加快农业现代化建设，有利于解放和发展农村生产力，提高农业综合生产能力与效益，促进农村经济社会全面发展；有利于引进工业技术成果，提高农业发展质量，增强城乡之间、工农之间的交流与互动，实现城乡协调发展；有利于合理利用资源，保护和改善生态环境，增强农业可持续发展能力。与局限于种植、养殖等传统农业不同，现代农业既涵盖产前的农业机械、化肥、水利、农药、地膜等生产资料供给，也包括种植业、林业、畜牧业和水产业等农业产中环节，还涉及加工、储藏、运输、营销及进出口贸易等农产品产后流通环节，是一个全产业链体系。

现代物流业特别是农业供应链发展，能够在产前、产中、产后等领域为现代农业发展提供有力支持，有效整合农业生产资料和农产品等实体相关服务及信息，高效组织并管理从供应端到消费端所涉及的采购、生产、运输、流通加工、储存、配送、分销等活动，并在整个过程中实现农业生产资料和农产品保值、增值的目标，是促进农业现代化的重要动力。

---

[1]《在十九届中央政治局第八次集体学习时的讲话》（2018年9月21日），《习近平关于“三农”工作论述摘编》，中央文献出版社2019年版，第42页。

二、提升制造业价值链增强国际竞争力

（一）支撑制造业形成国内生产大循环

习近平总书记指出，我国具有全球最完整、规模最大的工业体系、强大的生产能力、完善的配套能力，拥有4亿多中等收入群体在内的14亿人口所形成的超大规模内需市场，面向未来，我们要把满足国内需求作为发展的出发点和落脚点，加快构建完整的内需体系[1]。服务强大国内市场，提高供给与需求匹配能力、效率与水平，正在成为我国制造业发展的新支点。

《国民经济行业分类》将制造业细分为31个大类、179个种类和609个小类，涵盖衣食住行、科教文卫、五金机具、装备器械、仪器仪表、电子信息、金属加工、能源化工等领域。同时，制造业产业链包括产品设计、原料采购、生产制造、订单处理、产品销售等多个环节。我国门类齐全的制造业分布在广阔空间上，形成了错综复杂的上下游和区域分工关系，只有确保供应链产业链畅通，才能实现产业安全高效运行。发达的现代物流业能够有力促进原材料、零部件、中间品、最终产品在生产企业间无缝衔接，形成良性循环，确保供应链产业链顺畅运行，并为商品生产与最终消费紧密连接提

[1] 在看望全国政协十三届三次会议经济界委员并参加联组会时的讲话（2020年5月23日），《人民日报》2020年5月24日。

供有力支持，对支撑制造业形成国内生产大循环具有重要作用。

（二）支持制造业充分利用全球资源

改革开放四十多年来，我国经济发展离不开国际经济分工合作与经济全球化。进入新时代，我国制造业面临高质量发展的历史任务，更需要善用两个市场、两种资源，实现全球化资源配置，共同做大全球制造业市场，促进全球制造业加速向数字化、网络化、智能化转型升级，让新一轮科技革命和产业变革的成果惠及更多国家民众。不断提高我国制造业的国际竞争力和价值创造力，迫切需要强大的现代物流服务在产业链衔接、价值链培育方面给予有力支撑。

现代物流业特别是与全球互联互通的国际物流网络逐步建立，能够为我国制造业充分利用国际资源、拓展国际市场，不断提高国际竞争力和价值创造力奠定良好基础。通过远洋航运，来自澳大利亚、巴西的铁矿石以及中东、南美的石油，为我国钢铁制造业和石油化工业发展提供了原料支持；通过国际航空货运、中欧班列等，产自我国的笔记本、手机、小商品可以快速进入中亚、欧洲市场，有力推动我国制造业“引进来”“走出去”。

（三）促进制造业迈向全球价值链中高端

习近平总书记指出，我们现在制造业规模是世界上最大的，但要继续攀登，靠创新驱动来实现转型升级，通过技术创新、产业创新，在产业链上不断由中低端迈向中高端[1]。与世界制造强国相比，我国制造业总体处于国际价值链中低端，除技术水平差异外，一个重要原因就是我国企业长期以来对现代供应链重要性认识不足，缺乏与供应商战略性合作意识，习惯于“大而全、小而全”、自我服务的传统物流模式。

制造业供应链有利于有效消除信息孤岛、数据分割、数字化基础设施薄弱、上下游企业缺乏联动等突出问题，创立敏捷化、柔性化以及可视、可感、可控的制造新模式，能够为企业捕捉市场机遇创造有利条件，对提高物流供应链的协同价值创造功能和创新服务模式、助推我国制造业价值创造能力跃升具有重要作用。进一步提升我国制造业竞争力，迈向全球价值链中高端，关键是要补齐现代供应链系统设施、服务、标准等短板，不断提升综合实力，形成新的竞争优势。

三、创新商贸产业链强化联动发展能力

（一）提升商贸业“门到门”服务水平

习近平总书记指出，要加快物流标准化信息化建设，提高流通

[1] 在郑州煤矿机械集团股份有限公司考察调研时的讲话（2019年9月17日），《人民日报》2019年9月19日。

效率[1]。对于复杂的产业运行系统，只有通过制订标准，才能获得最佳运行秩序和经济社会效益。商贸业一头连着千万工厂，一头连着千家万户，只有发展“门到门”服务，构建辐射全国乃至世界各地的销售网络才能消除商品流通障碍，最大限度为生产生活提供便利。现代物流业特别是物流标准化体系建设，对提升商贸业“门到门”服务水平，扩大商品流通规模，提升流通效率具有重要作用。

现代物流业服务商贸业并进行模式创新，在电商与快递紧密结合和新零售不断发展背景下，商贸物流已经成为全新的产业生态。通过推进商贸物流分类、信息编码等基础类标准，运营规范、配送流程、质量控制等服务类标准，托盘、周转箱等商贸物流装备单元化标准，以及适应电子商务、网络零售、城市共同配送等流通现代化发展的商贸物流标准，能够为商贸物流业健康发展提供有力支撑，促进商贸业新业态新模式蓬勃发展，彻底改变传统商贸业形态。

（二）提高商贸业全链条协作效率

习近平总书记指出，信息化为中华民族带来了千载难逢的机遇，我们必须敏锐抓住信息化发展的历史机遇[2]。商贸业服务链条长，涉及环节多，对物流运行服务和效率要求较高，必须提高全链条协同

[1] 在山东考察时的讲话（2013年11月24–28日），《人民日报》2013年11月29日。
[2] 在全国网络安全信息化工作会议上的讲话（2018年4月20–21日），《人民日报》2018年4月22日。

作业水平，这就需要通过信息化进行产业改造升级，释放信息化赋能商贸业的巨大潜能，促进商贸业转型升级和高质量发展。

现代物流业的发展特别是物流信息化建设推进，对提高商贸业供应链全链条协作效率具有十分重要的作用。加快推动铁路、公路、水运、航空、管道等多种运输方式的物流信息系统以及行业物流信息平台建设，推进全国各区域、节点城市、交通枢纽、物流园区和产业园区的物流信息平台建设，不断提升物流企业的信息化管理和服务水平，推动商贸企业与物流企业间的信息互通、信息共享和业务联动发展，对提高现代物流业与商贸业之间的服务运作协作能力和水平、大幅提高商贸物流运作效率和产业链协同效率具有重要作用。

（三）促进商贸业转型升级发展

随着大数据、物联网、云计算、人工智能等现代信息技术发展，商贸业迎来经营环境、形态功能、运营模式等多维度升级的机遇与挑战。大数据、人工智能等先进技术手段孕育了新零售模式，对商品生产、流通过程进行升级改造，重塑业态结构与生态圈，促进线上服务、线下体验以及现代物流业深度融合，成为推动商贸业创新转型、释放发展活力、增强发展动力的重要方向。

不论是传统商贸业还是新零售生态体系，现代物流业都扮演着不可或缺的重要角色。从技术升级来看，依托物联网、区块链、云计算的智慧物流助力商贸业转型升级发展，以高效、智能、精确、协同、环保的智慧物流解决方案作为支撑，从而达到提高商品配送效率、降低运营成本以及减少甚至消灭库存的理想状态。从业态升级来看，随着全球贸易深入推进，贸易服务功能多样化趋势不可逆转，传统商贸与会展、跨境电商、保税加工等融合催生了“商贸+”的复合型新业态，必须依托完善物流体系以实现各环节无缝衔接。

第三节

指出现代物流业引领区域协调发展的主攻方向

习近平总书记指出，物流、资金流、信息流的汇聚和扩散影响了经济社会发展各个领域[1]，要推进人流、物流、信息流等要素市场一体化[2]。习近平总书记的重要论述，深刻洞悉了现代物流业与要素高效流动、区域协调发展的规律与趋势，为我们指明了加快建设现代物流体系的主攻方向。

[1] 在2014年国际工程科技大会上的主旨演讲（2014年6月3日），《人民日报》2014年6月4日。

[2] 在京津冀三省市考察并主持召开京津冀协同发展座谈会时的讲话（2019年1月16–18日），《人民日报》2019年1月19日。

一、畅通区域物流大通道

习近平总书记指出，新形势下促进区域协调发展，总的思路是按照客观经济规律调整完善区域政策体系，发挥各地区比较优势，促进各类要素合理流动和高效集聚[1]。区域经济发展基础条件和环境差异，客观上造成我国区域经济发展不平衡以及物流需求差异化。经济欠发达地区为实现对发达地区的追赶，缩小发展差距，必须发挥自身区位和资源优势，密切与发达地区间的分工合作，这对跨区域物流服务能力提出了更高要求。跨区域物流大通道通常由铁路、公路、水运、航空、管道等方向一致的干线运输线路组合构成。畅通高效的跨区域物流大通道有利于实现物流资源集中、信息共享和服务协作，提高要素、商品跨区域流动速度，降低物流成本，是支撑我国区域发展格局重大调整的重要保障。

随着区域产业分工不断拓展，原材料与零部件采购、产品生产与消费在空间上分离、在流程上组合成为区域经济的重要形态和趋势，这就需要消除各类经济要素跨区域流动的区域时空壁垒，减少交易延误，降低交易成本。当前，互联网、云计算、大数据等现代信息技术广泛应用，实现了资金流和信息流高效流动，对物流规模和效率同步提高提出新的要求。畅通区域物流大通道可

[1]《推动形成优势互补高质量发展的区域经济布局》，《求是》2019年第24期。

以明显提升要素流动效率，降低跨区域经济活动的交易成本，消除区域壁垒和产业分工合作障碍，提高市场交易效率和规模；可以有效发挥区域比较优势，提高区域分工效率，带动经济要素在空间上优化配置，实现在特定城市、产业布局集聚区的集群效应，促进生产、流通、消费规模不断扩大。物流通道正在成为带动区域经济发展的重要载体。

二、推动区域物流大合作

习近平总书记指出，大力发展现代物流业，长江流域要加强合作，充分发挥内河航运作用，发展江海联运，把全流域打造成黄金水道[1]。现代物流业发展离不开物流通道、物流节点建设，以及物流设施设备、物流从业人员等要素投入和物流组织管理。通过加强跨区域物流合作，能够有效整合各类存量物流资源，促进物流资源优化配置，提高物流生产要素使用效率，节约资本、土地、人力等要素投入量，提高现代物流业集约化发展水平；同时，实现跨区域物流活动的资金流、技术流、信息流高效衔接，避免物流设施分离、物流需求分散、物流市场分割，提高物流要素生产效率。在企业层面，跨区域物流合作可以实现设施设备、信息资源等互联共

[1] 在湖北考察改革发展工作时的讲话（2013年7月21–23日），《人民日报》2013年7月24日。

享，促进物流作业流程无缝衔接，提高物流从业人员劳动效率和现有物流设施设备利用率。企业间的跨区域物流合作也可加快形成规模经济和范围经济效应，其中，规模经济效应表现为通过优化运输、集中仓储、共享信息等方式，降低提供物流服务的单位成本，实现物流生产要素的充分利用；范围经济效应表现为通过配送协同、仓储协同等方式，提高企业提供多样化物流服务的能力。

交易成本理论认为，一个国家或经济体的经济繁荣程度，取决于这个国家的市场交易成本，交易成本越低，经济越繁荣。物流是克服生产、消费时间和空间矛盾的重要环节。通过加强跨区域密切合作，物流企业一方面可以通过市场组织化，以契约形式确定与生产企业、商贸企业间的交易程序与利益关系，利用组织的确定性降低市场交易成本；另一方面可以通过组织市场化，保持各物流企业的相对独立性，避免一体化组织的激励失灵、信息扭曲等问题，利用市场机制来降低交易成本，提高交易效率，在此基础上促使区域物流运行更加顺畅，带动区域经济繁荣。

跨区域物流合作在提高物流要素使用效率、降低市场交易成本的同时，可以促进现代物流业区域专业化分工，推动企业聚焦运输、仓储、装卸等细分领域，从而更容易催生技术创新，改进经营管理模式，开发物流新产品新服务，形成新业态新模式。比如，通过物联网等信息技术提高物流服务的准确性与及时性；通过集装箱运输、特种货物加固技术，提高物资运输效率及完好率。又如，为满足中小企业融资需求而出现的仓单质押业务，为满足电子商务发展而出现的“当日达”“即日到”配送服务，为满足远距离跨区域运输客户的“一站式”门到门服务等。同时，跨区域物流合作可以有效协调物流企业合作过程中的利益诉求，保护企业创新成果，避免“搭便车”行为，营造公平创新环境。

三、打造城市物流大平台

习近平总书记在河南考察时，对郑州建设铁路港、公路港、空港、海港“四港一体”城市物流大平台的发展理念，建设大枢纽、发展大物流的战略构想表示肯定[1]。建设城市物流大平台，能够为货物集散、存储、分拨、转运等功能提供发展环境和集成条件，推动商贸业、制造业等依托供应链一体化服务聚集发展，带动各类物流要素集聚并融合创新，成为区域经济发展比较优势的有机组成部分。在这一过程中，现代物流业不仅实现从运输、仓储等基础服务向多式联运、第三方物流等新服务领域拓展，向包装、末端加工、客户服务、维修等增值环节延伸，而且可以带动物流相关的能源供应、设备销售租赁、技术服务等发展，形成供应链整体要素聚集和竞争力提升，为现代物流业规模扩张、价值链提升、结构优化升级提供强大动力，并进一步形成技术、知识等方面的外溢效应，推动形成更大规模的区域物流要素集聚创新。

[1] 在河南考察时的讲话（2014年5月9–10日），《人民日报》2014年5月11日。

现代物流业聚集发展带来的物流资源和要素高度集聚，为现代物流业带来资源共享、成本降低、便捷高效、合作协同等便利条件，有利于区域内的物流企业共享仓储、分拣、加工、装卸及车辆等设施设备，以及信息、知识、金融乃至人力资源，促使现代物流业发展形成规模经济和范围经济效应，推动降低物流企业经营成本。大量集聚的物流企业和上下游客户等资源为物流市场供需双方提供了较大的选择空间，有利于营造充分竞争的市场环境，形成合理的价格水平和稳定的供求关系。同时，为保持竞争优势，物流企业需要不断通过专业整合提供多样化的物流和其他延伸服务，推动提高物流效率和服务质量水平。

打造城市物流大平台对发展枢纽经济具有重要意义。枢纽经济是依托交通、物流枢纽等资源要素集聚载体，在特定空间范围内，畅通骨干物流通道，借助现代物流业集聚发展带来的更低成本、更高效率、更加便利的物流服务优势，以聚流、引流、驻流和扩散辐射为特征，通过技术变革和制度创新，优化区域经济要素时空配置，重塑产业空间分工体系，联动区域主导产业，培育具有区域集聚辐射能力的产业集群，全面提升经济运行质量、效率和规模的一种新经济形态。现代物流业聚集和规模化发展，为吸引商贸、金融、旅游等产业聚集融合，形成新型物流服务生态圈创造良好条件，促进形成以物流枢纽为核心的枢纽经济发育。通过发展枢纽经济，有目的、有针对性地组织物流要素和产业要素，将服务对象由原来主要服务城市自身生产生活拓展至服务周边区域，打造区域物流服务组织中心，为城市发展培育具有增量价值的物流及关联产业。郑州、西安、重庆、成都等内陆城市通过发展枢纽经济形成了较好的经济产业规模扩张势头，成为区域推动经济高质量发展的增长极。

四、促进城乡物流大融合

习近平总书记多次指出现代物流业对农业发展和农民增收的重要作用，在新疆考察时，勉励新疆果业加快物流标准化信息化建设，提高流通效率，为促进新疆果业发展、促进农牧民增收多作贡献[1]。习近平总书记参加十三届全国人大二次会议河南代表团审议时指出，要重点抓好农村交通运输、农田水利、农村饮水、乡村物流、宽带网络等基础设施建设[2]46；发挥自身优势，抓住粮食这个核心竞争力，延伸粮食产业链、提升价值链、打造供应链，不断提高农业质量效益和竞争力，实现粮食安全和现代高效农业相统一[2]101。城乡物流融合发展，既能扩大农产品销售区域，促进农民增收；又能加快乡村旅游、餐饮等第三产业发展，优化农村产业结构；还能为农民创造本地就业岗位，减少农村青壮年劳动力流失，拓宽农民增收渠道，为缩小城乡发展差距提供有力支撑。

---

[1] 在新疆考察时的讲话（2014年4月27–30日），《人民日报》2014年5月1日。
[2] 在参加十三届全国人大二次会议河南代表团审议时的讲话（2019年3月8日），《习近平关于“三农”工作论述摘编》，中央文献出版社2019年版。

在城乡一体化发展进程中，现代物流业发挥着重要作用。与城市物流相对集中、具备良好的规模化发展条件不同，农村物流具有典型的需求相对分散、组织规模较小、流动方向不平衡、季节性明显等特征，导致农村物流服务提质增效面临“瓶颈”。但同时，农村物流与城市物流的不同特点，也为两者双向对接消弭农村物流发展“瓶颈”带来了巨大空间。通过将城市物流大平台与农村脱贫攻坚、农业现代化和全面小康建设有机结合，整合城乡物流资源，一方面，依托田间冷库、乡村货运站以及农村末端快递网点等，加强与城市物流节点对接，为双向辐射创造条件，促进城乡物流供需匹配；另一方面，以城市物流节点为依托，精准打通农村节点和城市网络之间的物流支线通道，形成城乡双向辐射物流网络，普及推广电子商务，形成一体化的支线物流服务系统，并借助城市物流枢纽实现与干线物流通道有机对接，将城乡之间两类特质不同的单向物流运行活动转变为供需结合的双向网络运行，为城乡间要素流动和一体化发展奠定坚实基础。

第四节

提出现代物流业深化全面开放的时代任务

习近平总书记指出，亚太国家要共同致力于构建覆盖太平洋两岸的亚太互联互通格局，通过硬件的互联互通，拉近各经济体的距离，为联接亚太、通达世界铺设道路[1]。这一重要论述，以点带面阐明了现代物流业促进全球互联互通、深化全面开放的时代任务。现代国际经济竞争很大程度上是国际产业链供应链融合创新下的竞争，与传统以贸易为主的国际竞争相比，竞争模式、手段、技术等均发生巨大变化。习近平总书记的重要论述，对加强我国国际物流竞争力，加快物流企业“走出去”步伐，拓展“一带一路”物流合

[1] 在亚太经合组织工商领导人峰会开幕式上的演讲（2014年11月9日），《人民日报》2014年11月10日。

作新空间具有深远意义。

一、不断提升国际物流竞争力

习近平总书记高度重视发展一流物流服务，指示重庆两江新区果园港要把港口建设好、管理好、运营好，以一流的设施、一流的技术、一流的管理、一流的服务，为长江经济带发展服务好，为“一带一路”建设服务好，为深入推进西部大开发服务好[1]；指示广西北部湾港一定要把北部湾港口建设好、管理好、运营好，以一流的设施、一流的技术、一流的管理、一流的服务，为广西发展、为“一带一路”建设、为扩大开放合作多作贡献[2]。当前，世界各国深度参与全球经济合作，但受资源要素禀赋、技术条件等因素影响，各国在“微笑曲线”上所处层次并不相同。高水平全面开放需要针对不同国家地域、不同发展阶段、不同历史传统、不同文化宗教、不同风俗习惯提供真正有价值的产品和服务。对现代物流业而言，高品质的物流服务不仅体现为强大的物流设施能力，更表现为服务理念、标准、质量等“软实力”，要通过提供符合东道国经济发展阶段、资源禀赋、消费习惯的国际物流服务产品，为促进我国与相关国家的经贸往来、实现高水平全面开放提供支撑。

[1] 在重庆调研时的讲话（2016年1月4–6日），《人民日报》2016年1月7日。
[2] 在广西考察工作时的讲话（2017年4月19–21日），《人民日报》2017年4月22日。

国际物流竞争力不仅体现为高效便捷的综合服务能力，更体现在相关国际规则的话语权上。我国作为新兴发展中国家，对全球经济贸易规则的话语权相对较弱。在国际物流领域，由于适用于国际铁路联运特点的国际贸易规则还未形成，尚无准确的交货条款和贸易术语，实际中通常简单套用海运交货条款的贸易规则或者国际贸易术语解释通则中的相关规定，导致相关条款理解存在差异，不利于中欧班列等国际物流新模式发展。2017年4月，中国、白俄罗斯、德国、哈萨克斯坦、蒙古、波兰和俄罗斯等7国铁路部门签署《关于深化中欧班列合作协议》，通过与沿线国家建立合作机制，推进海关信息互换、监管互认、执法互助，扩大海关监管结果参考互认、商检海关合作协定，有效提高中欧班列通关效率。同时，我国通过建设海外分拨仓、物流园区、产业园区、经济合作区等，推动与周边国家贸易投资、税收、海关、交通运输、公安边防和边境检验检疫等制度和政策对接；依托新亚欧大陆桥等经济走廊，推动与沿线国家原产地规则、海关程序、贸易便利化、技术性贸易壁垒等制度和政策上的有效对接，为国际物流发展创造良好条件。

二、加快物流“走出去”步伐

近年来，从中国邮政等大型国有物流企业，到顺丰、菜鸟等民营物流企业纷纷“走出去”开拓新市场，并取得一定成效。但是，我国物流企业“走出去”参与国际合作的过程并非一片坦途，既要了解东道国物流法规政策，避免可能触碰的“雷区”，又要面对发达国家经营较为成熟的强大竞争对手，如何提高自身国际竞争力成为我国物流企业必须要思考和解决的问题。虽然我国企业“走出去”面临复杂多变的竞争环境，但也具有明显的后发优势和软硬件实力。当前，中国邮政海外仓已在美国、英国、德国和澳大利亚等国家开办业务，在当地实现24小时内配送。顺丰推出东欧仓、中欧仓等服务，提出让俄罗斯消费者享受到“中国式”快递服务。菜鸟网络提出“全球72小时可达”的目标，在西班牙新开的海外仓已经实现了“全境72小时直达”。

除积极“走出去”参与国际竞争，我国物流企业以实际行动践行人类命运共同体发展理念。近年来，针对中亚、西亚北非等贸易能力较弱的地区，我国通过援助集装箱检测设备，开展出入境动植物检验检疫、进出口食品安全、贸易便利化等合作项目，提高货物通关速度和效率，提高海关检测人员专业技术水平，提升海关通关能力和贸易便利化水平，切实推动其融入全球价值链；针对西亚北非等区域内贸易水平偏弱的地区，结合重点国家发展需求，在对其主要边境口岸、枢纽港口、跨境运输道路节点开展实地调研的基础上，针对拥堵瓶颈给出系统解决方案，帮助制定发展规划，升级运营管理系统，改善现场作业流程，培训相关机构人员；针对南亚、中亚等发展中国家集中的地区，利用对外援助资金建设国际机场、港口和大桥等交通基础设施，降低物流成本。

三、拓展"一带一路"物流合作

党的十八大特别是共建"一带一路"倡议提出以来，习近平总书记多次指出加强基于全球互联互通网络、国际物流及运输、全球供应链价值链等的国际合作。在推进国际道路运输便利化方面，习近平主席积极倡议在上海合作组织框架内签署《国际道路运输便利化协定》，为畅通从波罗的海到太平洋、从中亚到印度洋和波斯湾的交通运输走廊夯实基础；在国际物流合作方面，习近平主席在会见俄罗斯、德国、波兰、意大利、西班牙、塔吉克斯坦、吉尔吉斯斯坦、哈萨克斯坦等国家以及阿盟、非盟、东盟、亚太经合组织等国际组织领导人时，对深化交通物流、铁路、公路、航空、过境运输、交通物流枢纽、中欧班列等领域多双边合作提出期望；在全球供应链价值链方面，习近平主席在"加强互联互通伙伴关系"东道主伙伴对话会、亚太经合组织第二十二次领导人非正式会议、亚太经合组织工商领导人峰会等重要场合，多次对开展全球供应链、产业链、价值链合作发出倡议，强调供应链整合、产业链延伸、价值链提升对融入全球经贸产业格局的重要作用。

习近平总书记高度重视国际物流特别是中欧班列发展。2014年，习近平主席会见时任西班牙首相拉霍伊时指出，中欧货运班列发展势头良好，"义新欧"铁路计划从浙江义乌出发，抵达终点马德里，中方欢迎西方积极参与建设和运营，共同提升两国经贸合作水平[1]。对中哈（哈萨克斯坦）亚欧跨境货运班列，习近平主席指出，中哈亚欧跨境货运班列的启动不仅惠及中哈两国，而且将为“一带一路”沿线有关国家创造更多运输便利和合作机遇，体现丝绸之路经济带和21世纪海上丝绸之路的有机对接。哈萨克斯坦已经从传统内陆国转型为亚欧大陆关键运输枢纽，在东西方贸易链中发挥日益重要的作用[2]。

随着中欧班列的发展和跨境基础设施互联互通项目的建设，我国特别是西部地区与“一带一路”沿线国家的全程物流时间大大压缩，物流服务效率得到提升。在新亚欧大陆桥方向，“蓉欧快铁”迅速发展使四川与欧洲的时空距离从以前港口海运的40多天缩短到了11天。国内海关通关效率也不断提高。2018年，新疆阿拉山口口岸设立中欧班列“专门窗口”，进出境中欧班列在口岸通关环节时间压缩至最快20分钟，比此前提速三分之一。中欧班列等国际物流新模式，不仅拉近了我国与“一带一路”沿线国家的时空距离，而且进一步深化了我国与相关国家间的经贸联系。

习近平总书记提出共商共建共享“一带一路”，着力擘画国际交通和物流大通道网络。共建“一带一路”倡议，秉持和平合作、开放包容、互学互鉴、互利互赢的丝路精神，得到广泛认同和支

[1]《习近平会见西班牙首相拉霍伊》（2014年9月26日），《人民日报》2014年9月27日。
[2]《习近平同哈萨克斯坦总统纳扎尔巴耶夫共同参观阿斯塔纳专项世博会中国国家馆 并出席中哈亚欧跨境运输视频连线仪式》（2017年6月8日），《人民日报》2017年6月9日。

持，已经从理念转化为行动，从愿景转化为现实，从“大写意”转向“工笔画”，进一步促进了国际物流合作发展、扩大了贸易产业合作。

第二章

学习贯彻习近平总书记关于现代物流业发展重要论述的深刻体会

党的十八大以来，习近平总书记对现代物流业地位、现代物流业供给侧结构性改革、现代物流业促进经济社会高质量发展、扩大现代物流业开放和现代物流业托底经济保障民生等系列重要论述，是我国现代物流业发展的行动指南。全面梳理、学深悟透习近平总书记关于现代物流业发展的重要论述，是做好“十四五”时期现代物流业发展工作的重要指针和关键所在，要深刻领会习近平总书记关于现代物流业发展的重要论述，把握物流供给侧结构性改革总方向，聚焦物流促进经济高质量发展，明晰物流经济发展新模式，增强物流对重大领域服务保障能力。

第一节

抓住“牛鼻子”，发挥现代物流业基础作用

习近平总书记关于现代物流业基础地位的重要论述，进一步明确了现代物流业精准匹配国民经济供需关系，畅通产业循环、市场循环和经济社会循环，链接全球经贸合作的重要基础性、战略性支撑作用。通过嵌入国际国内供应链产供销各环节、产业链上下游全链条，打造高质量发展的物流基础设施网络，引领国内国际双循环相互促进、开放发展，现代物流业将成为服务连接生产消费的重要纽带、支撑经济社会运行的基础设施和深化国际经贸合作的重要领域。

一、现代物流业是连接生产和消费的重要纽带

现代物流业连接一二三产业，兼具生产性服务业和生活性服务

业的双重特点。现代物流业对生产、消费的串接纽带作用通过嵌入社会化大生产、供应链产供销各环节、产业链上下游全链条得以实现。在移动互联网、大数据、云计算、物联网、区块链和人工智能等技术广泛应用背景下，现代物流业在供需对接匹配方面的作用得到淋漓尽致的发挥，借助现代信息技术提高资源整合和流程优化水平，有效促进产业跨界和协同发展，强化从生产到消费等各环节的有效对接，降低企业经营和交易成本，成为推进供需精准匹配、畅通国民经济运转、提升整体运行效率的重要手段，对促进产业转型升级、全面提高产品和服务质量发挥了重要作用。

现代物流业作为生产、消费之间的重要纽带，成为服务内需经济产业社会大循环的重要保障，以及服务国内国际双循环的关键性竞争优势领域。在新冠肺炎疫情冲击全球贸易的严峻形势下，加快现代物流业嵌入国内国际产业链、供应链、需求链，推动上下游、产供销、大中小企业协同，加强国际协调合作，对畅通国内产业循环、市场循环、经济社会循环，维护国际产业链供应链安全稳定具有重要现实意义和作用。

二、物流是重要的基础设施

党的十九大报告明确提出加强物流等基础设施网络建设，并将物流与公路、铁路、水利、信息等重大基础设施并列，从经济社会发展全局强调了物流的基础性和准公益性地位。物流基础设施是现代经济社会的底层网络运行系统，是建设社会主义现代化强国的先行领域和战略支撑，对实施国家战略、推动经济发展、促进社会进步等具有重要保障作用。

我国经济由高速增长阶段转向高质量发展阶段，高质量发展成为经济社会各领域发展的根本要求，物流基础设施高质量发展成为支撑经济社会高效稳定运行的应有之义。要深刻领会高质量发展内涵，以全要素整合、全周期协同、全方位融合、全链条畅通为导向，以深化供给侧结构性改革为主线，聚焦提质增效、优化升级、绿色安全、融合共享、改革创新五大着力点，统筹存量和增量、传统和新型基础设施发展，着力深化重点领域和关键环节改革，强化科技创新、制度创新和组织管理创新，增强基础设施可持续发展的内生动力和创新活力，加快构建形成集约高效、经济适用、智能绿色、安全可靠的现代化物流基础设施网络，为保持经济平稳运行和社会和谐稳定、建设现代化经济体系提供强有力支撑。

三、国际物流合作是培育国际竞争新优势的重要途径

我国一直坚定不移奉行互利共赢的开放战略，在开放中谋求更高质量的合作，寻求共同发展路径。我国国际物流发展并非一帆风顺，早期的国际物流业务主要集中在运输服务层面，存在特殊商品存储能力不足、质检规则不统一、沿线作业能力不强等诸多问题的制约，除此之外还有安全保障、语言障碍、气候问题等。如今，经过长期不懈

的技术攻关、协调沟通、投资建设，已经能实现不同产品“门到门”式提货、配送、运输、仓储、分拨、报关报检、金融等一体化物流服务。通过国际物流领域合作，众多国家积极参与到共建“一带一路”中。2019年，中欧班列沿线国家会商建立执法合作联络机制，推动提升“一带一路”国际物流大通道安全保障能力与水平。以国际物流合作为切入点，我国同“一带一路”沿线国家在政策、制度、金融等方面展开更深层次、更广泛的交流合作，为世界提供了更多优质的中国产品和服务。同时，我国企业依托物流升级贸易合作，积极参与国际竞争合作，更深更广地开展全球贸易投资活动，为促进东道国经济增长、扩大当地就业作出巨大贡献。

新时代中国的发展离不开世界，世界发展有利于中国。现代物流业通过嵌入国际产业链、贸易链和服务链，将培育我国新形势下参与国际合作竞争的新优势，提升整体产业链供应链稳定性和竞争力，推动本土企业科学谋划和主动参与国际循环，积极开展国际产能合作，实施全球化布局。现代物流业在扩大开放中获得更有力的资源、技术、人才、资金支撑，也就为国内经济循环创造更多机遇，提供发展外部动力，有利于国内循环畅通和我国经济高质量发展。特别是当前在应对逆全球化思潮发酵，以及新冠肺炎疫情引起的全球供应链、产业链不稳定等严峻形势下，习近平总书记关于畅通国内大循环、国内国际双循环相互促进的重要论述，为科学应对世界经济新变局提供了根本遵循。

第二节

把握关键，坚持深化物流领域供给侧结构性改革

习近平总书记关于现代物流业发展的重要论述，凸显了现代物流业对提高国民经济整体运行效率、提升国家经济发展质量效益和产业竞争力、推动国民经济高质量发展的战略性引领作用。面向“十四五”时期，进一步明确推进现代物流业质量变革、效率变革、动力变革的总体要求和关键路径，巩固推动物流降本增效、增强供应链发展新动能、提升物流服务供给品质、畅通物流运行链接环节成果，持续深化物流供给侧结构性改革。

一、物流要降本增效

社会物流成本水平是国民经济发展质量和效益的集中体现，也

是深化供给侧结构性改革、推动高质量发展的重要着力点。虽然产业结构偏重和布局不合理、经济运行中大宗物资中长距离运输规模较大、跨区域产业分工及资源分布不平衡等客观因素是造成我国社会物流成本偏高的重要原因，但从现代物流业自身发展看，各种运输方式衔接协调不畅、结构不平衡不合理、网络发育滞后、规模不经济，叠加不完善的市场、产业、政策、环境等，也是造成物流运行效率损失、成本高昂的重要原因。

同时，受发展阶段、生产组织方式等影响，以及对物流业发展缺乏正确认识，我国传统生产、流通企业长期以来一直采取自营物流方式解决物流问题。企业无论规模大小，都倾向于自建仓库、自营车队、自行安排运输来满足自身物流需求。这种传统的方式不仅增加了企业投入成本，而且由于单个企业物流需求规模较小、时间空间分布不均衡，往往会造成仓库、车辆闲置，货运车辆不满载运输或空驶，物流效率低，并推高全社会物流成本水平。现代物流业理念的产生和专业第三方物流企业兴起，为生产、流通企业外包物流业务提供了条件，突破了自营物流成本高、效率低对跨区域产业布局发展的巨大阻力，将分散在不同企业内部的物流需求整合起来，将产生于不同时间的物流需求平衡起来，将分散在不同地区的物流需求匹配起来，将全部物流服务环节集成起来，以专业化运作实现物流活动集约化、规模化，极大提高全社会物流运行效率，对深入推进物流降本增效具有重要意义。

二、物流要融合创新发展

党的十九大报告指出，推动互联网、大数据、人工智能和实体经济深度融合，在中高端消费、创新引领、绿色低碳、共享经济、现代供应链、人力资本等领域培育新增长点、形成新功能。随着现代信息技术广泛应用，供应链已发展到与互联网、物联网、人工智能深度融合的现代供应链新阶段。加快培育供应链发展新动能，推进供应链创新与应用，对促进我国产业组织方式、商业模式和政府治理方式创新和变革，推进供给侧结构性改革具有重要意义。敏锐把握互联网与供应链深度融合发展的规律，要求创新发展供应链新理念、新技术、新模式，高效整合各类资源和要素，提升产业集成和协同水平，打造大数据支撑、网络化共享、智能化协作的智慧供应链体系。

现代供应链联动产业链、提升价值链、重塑竞争力的关键在于形成具有引领性的产业供应链服务体系。一方面，要针对关键环节、关键领域、关键产品等提高产业供应链服务能力，积极引导传统物流、商贸企业向供应链服务企业转型，大力培育新型供应链服务企业，完善质量管理、追溯服务、金融服务、研发设计等功能，提供采购执行、物流服务、分销执行、融资结算、商检报关等一体化服务。另一方面，要推进物流与生产深度融合，鼓励物流、商贸企业与生产企业通力合作，准确及时传导需求信息，加强需求、库存和物流信息的实时共享，引导生产端优化配置生产资源，按需组织生产。在此基础上，加快推进产业供应链需求集并整合，深化供应链与智能生产、金融、信息等发展要素融合发展，系统构建信息、营销、售后等个性化服务体系，以及电子商务、金融等社会化协同体系，搭建集中采购、共同仓储、统一配送、协同营销、信息联通等环节一体运行的供应链综合服务平台。推动公共服务平台以供应链运行为依托，基于互联网、物联网、大数据、云计算、区块链和人工智能等现代技术应用，紧扣制造业上下游、产供销流通环节商流、物流要素价值，创新金融支持路径和模式，激发信息流、商流、物流、资金流等融合发展和价值利用，成体系推进供应链流动性要素嵌入实体经济，整体提升供应链增值服务能力，以及产业链运行效率和质量，推进制造业转型升级，促进我国产业迈向全球价值链中高端。

三、物流要提高服务水平

现代物流业高质量发展的重要目标和现代物流服务的核心价值在于降低经济、产业运行成本，提高企业经营和产业发展效率。更高效率是获取更高质量服务的重要手段和前提，体现为物流服务的组织效率和设施效率等方面。其中，组织效率重点在于形成网络化、智能化的组织模式和多方式、多区域、多领域协调发展机制；设施效率重点在于实现多式联运等物流操作过程的设施装备无缝衔接，以及满足智能化组织要求的设施设备智能连接和自动化。

高质量的物流服务是现代物流业高质量发展的必然产物，体现为高品质、高效益，即为满足人民美好生活、消费规模及品质双升级需求，提供安全高效、成本相对可控、通达全球的高品质服务；满足产业迈向全球价值链中高端需求，提供创新驱动、赋能制造业的全球供应链服务；满足贸易大国向贸易强国转型、推动形成全面开放新格局需求，提供具有较强国际竞争能力的国际物流服务。

推动现代物流服务转型升级，需要加快服务、组织、技术创新，转换现代物流业发展新动能；加快方式、市场、区域协调，推动现代物流业高效率发展；推进城乡资源双向共享，统筹现代物流业均衡发展；加快结构调整和物流技术应用，推动绿色可持续发展；加快提升国际物流竞争力，培育开放型经济新服务。在供给侧结构性改革背景下，重点推动物流服务与现代技术融合发展，围绕消费产业升级和技术突破，强化物联网技术、共享经济、无人机（车、仓）、快递周转箱、大数据、云计算、跟踪技术、信息查询技术、快递组织技术等新技术新模式在物流领域的广泛应用，扩大高质量物流服务供给。

四、物流要畅通运行环节

物流各环节有序衔接和顺畅运行是现代物流业提供高效率、高品质、低成本服务的基本前提。近年来，我国交通、物流等基础设施建设扎实推进，为畅通物流大通道提供了有力支撑，但物流微循环、“最后一公里”等环节仍存在不少“堵点”“痛点”“难点”。在应对新冠肺炎疫情期间，部分地区阻隔交通造成区域物流通道中断，使这一问题更加突出。对此，“十四五”时期要加以重点关注和推动解决。

多式联运是体现综合运输服务效率及效能的主要运输组织形式，也是打通区域物流大通道的重要方式。我国货运总量、港口货物吞吐量等指标均位居世界前列，但公路、水路、铁路等基础设施缺乏统筹衔接，多式联运“最后一公里”不畅，市场缺少具备整合能力的多式联运经营主体，信息资源共享不足、能力缺乏，标准规范和运输服务规则不协调，多式联运效率不高，要明确跨区域、跨流域、跨运输方式协调发展的总方向，为提高现代物流业运行效率创造良好条件。

畅通物流运行全链条是经济社会运行和实现国内国际双循环的基本保障，要从完善体制机制、培育市场主体、补足设施衔接短板、保障运能等方面综合施策。要以铁路市场化改革为重点，加快推进各运输方式间协调联动，发挥市场在资源配置中的决定性作用，重点以服务创新和价格机制为手段，大力推进铁路货运市场改革和运输结构调整，鼓励企业兼并重组、整合发展，培育有竞争力的多式联运经营主体。更好发挥政府引导作用，加快设施装备补短板和物流标准体系建设，完善现代物流业发展政策环境，统筹城市群跨区域物流设施建设，按照成本效率特征和合理辐射半径，构建基础设施网络化、城市配送一体化、区域协调发展的物流系统，加快补足中西部地区物流网络设施短板。在此基础上，打通物流大动脉、畅通微循环，保证产业链供应链顺畅联通、人民群众生活必需品稳定供应。

第三节

突出重点，找准促进经济高质量发展切入点

现代物流业通过低成本、高效率、强辐射的物流服务，引领供应链、产业链、价值链跨区域融合发展，横向串接牵引供应链全过程、纵向贯通产业链全链条、全面融入价值链全生态，积极引导产业跨区域布局和均衡化、一体化发展，成为促进上下游产业联动发展、推动区域发展形成新格局、支撑打造内陆开放新高地、促进经济高质量发展的有效手段。

一、促进上下游产业联动发展

物流是供应链运行的核心环节，通过嵌入供应链主导企业原材料采购、生产要素保障、产业链配套、终端渠道开拓等产供

销各环节，联动供应商、制造商、分销商和零售商直至最终用户，以实现对供应链上下游、跨区域精准匹配、高效对接和组织重构。

现代物流业横向串接牵引供应链全过程、纵向贯通产业链全链条的优势，叠加现代物流业空间布局的网络规模化效应，使得在一定区域范围内，以市场为导向，以龙头企业和核心环节产品企业为牵引，以中小企业为主体，实现上下游产业产品集中生产以及专业化协作配套企业、各种相关机构集聚发展成为可能，有利于打造产业集群。与分散的产业发展模式相比，产业集群能够实现规模效应和集聚效应，降低生产成本和交易成本，形成竞争优势。产业集群内各企业之间的竞争合作有利于激发创新活力，推动企业技术创新、组织创新和制度创新。产业集群通过空间集聚而形成的持续竞争优势，已成为很多国家和地区经济发展的强大支撑。通过物流嵌入供应链、延伸产业链、提升价值链，打造产业集群，正成为现代产业发展的重要组织形式，要按照现代产业组织模式，构建覆盖全产业链的现代供应链服务体系，营造产业集聚扩张发展环境，促进相关产业要素与现代供应链服务体系深度融合，打造以物流服务与供应链组织为主导，集贸易、金融和信息等于一体的产业集群组织中心，形成具有持续竞争力和支撑力的现代产业体系。

二、推动区域发展形成新格局

（一）全力支撑国家发展战略实施

党的十八大以来，习近平总书记亲自谋划、亲自部署、亲自推动共建“一带一路”、京津冀协同发展、长江经济带发展、长三角区域一体化发展、粤港澳大湾区建设、推进海南全面深化改革开放、黄河流域生态保护和高质量发展等重大战略，为加强跨国界、跨区域的产业联动和产能合作，探索新形势下国家对外开放的新模式，提升我国经济产业纵深发展潜能和国际经济贸易能力指明了方向。对此，要强化现代物流业战略支撑作用，着力加强跨国界、跨地区、跨方式国际产能及现代供应链协同合作，推动形成全方位、立体化、网络化的互联互通，打造“一带一路”互联互通开放通道，强化区域发展总体战略实施中的物流支撑，畅通大通道、服务大经贸、带动大产业、深化大合作，推动打造陆海统筹、东西互济的全方位对外开放新格局，在“一带一路”沿线、中心城市、城市群等打造国际国内主干经济走廊，形成世界级产业集群，筑牢我国产业迈向中高端全球产业链、供应链和价值链的基础。

（二）推动东、中、西、东北板块融合互动

总体看，我国已形成区域经济分工协作和优势互补的格局，但

作为一个发展中大国，不同区域资源禀赋、区位条件、对外开放度等存在差异，造成我国区域间客观上存在经济社会发展水平落差。对此，发挥现代物流业网络化、均衡化发展优势，统筹推动东、中、西、东北地区等四大板块之间融合联动，促进缩小区域经济发展差距，对扩大我国发展回旋空间、形成梯度推进和持续增长动力、保持中高速增长具有重大意义。

按照新时代推进西部大开发形成新格局、深化改革加快东北等老工业基地振兴、加大实施中部地区崛起战略力度、支持东部地区率先发展的总体战略要求，要强化现代物流业支撑效能，着力补足西部地区物流短板，强化内外联通开放物流通道建设，完善国家物流枢纽布局，提高物流运行效率，加强现代物流服务体系建设；提高东北地区进出关物流通道运输能力，提升综合物流网络服务质量和水平；提高中部地区连通境内外、辐射东中西地区的物流通道能力，提升综合物流枢纽服务功能；优化东部地区物流运输结构，创新物流服务优质供给模式，率先建成现代化物流服务体系。

（三）促进形成优势互补区域经济布局

习近平总书记指出，当前，我国区域发展形势是好的，同时出现了一些值得关注的新情况新问题。区域经济发展分化态势明显。长三角、珠三角等地区已初步走上高质量发展轨道，一些北方省份增长放缓，全国经济重心进一步南移。发展动力极化现象日益突出。经济和人口向大城市及城市群集聚的趋势比较明显。北京、上海、广州、深圳等特大城市发展优势不断增强，杭州、南京、武汉、郑州、成都、西安等大城市发展势头较好，形成推动高质量发展的区域增长极。部分区域发展面临较大困难。东北地区、西北地区发展相对滞后[1]。推动区域协调均衡发展，要根据各地区的条件，走合理分工、优化发展的路子，落实主体功能区战略，完善空间治理，形成优势互补、高质量发展的区域经济布局。

从现代物流业发展规律和组织特征看，建立在均衡基础上的网络化、通道化运行，是其最大限度发挥物流规模经济效益的主要手段。以物流通道及供应链组织服务为牵引，补足物流基础设施网络建设短板，加快物流信息化、智能化引领，创新物流服务组织模式，营造消费需求和产能规模供给精准对接的物流服务环境，强化物流引导区域间产业布局重构能力，积极引导产业沿骨干物流通道、围绕国家物流枢纽进行布局，推动区域间网络化、规模化、均衡化、一体化发展，有利于直接推动形成优势互补、高质量发展的区域经济布局。

三、支撑打造内陆开放新高地

习近平总书记高度重视内陆国际物流枢纽建设，在河南考察时指出，希望河南建成连通境内外、辐射东中西的物流通道枢纽，为

[1]《推动形成优势互补高质量发展的区域经济布局》，《求是》2019年第24期。

丝绸之路经济带建设多作贡献[1]；在重庆调研时指出，重庆完善各个开放平台，建设内陆国际物流枢纽和口岸高地，建设内陆开放高地[2]；在陕西考察时指出，陕西要深度融入共建“一带一路”大格局，加快形成面向中亚南亚西亚国家的通道、商贸物流枢纽、重要产业和人文交流基地[3]。

近年来，随着基础设施互联互通和物流通道运行条件的不断完善，以及中欧班列等运输组织方式的革新和实践，内陆地区正迎来由经济腹地向开放高地转变的重大战略机遇。《推动共建丝绸之路经济带和21世纪海上丝绸之路的愿景与行动》提出，依托长江中游城市群等重点区域，推动区域互动合作和产业集聚发展，打造重庆西部开发开放重要支撑和成都、郑州、武汉、长沙、南昌、合肥等内陆开放型经济高地，对上述内陆地区区域中心城市提升物流组织水平、发挥好辐射国际国内作用提出新要求。

服务“一带一路”建设和内需崛起形成的超级大市场，利用国际国内两种资源、开拓国际国内两个市场，开展跨国界、跨区域国际国内产业联动和产能合作，要求“一带一路”沿线中心城市利用自身产业基础和辐射扩张能力，构建效率高、成本低、能力强的现代物流业服务体系，建成若干交通物流基础设施、组织和产业融合

[1] 在河南考察时的讲话（2014年5月9–10日），《人民日报》2014年5月11日。
[2] 在重庆调研时的讲话（2016年1月4–6日），《人民日报》2016年1月7日。
[3] 在陕西考察时的讲话（2020年4月20–23日），《人民日报》2020年4月24日。

发展的组合式枢纽节点，形成若干具备区域整合和辐射能力的产业组织中心。因此，内陆地区国家物流枢纽将成为内陆地区中心城市加快建设开放型经济新高地的重要机遇和抓手。

第四节

创新引领，明晰物流经济发展新模式

习近平总书记关于现代物流业创新发展的重要论述，突出了创新引领、加快物流经济转型发展的必然性和发展要求。通过强化以物流要素集聚为基础和手段的发展模式，推动产业高质量发展相关的要素大聚集、大流通、大交易，加快现代物流业与现代农业、先进制造、贸易流通等融合，将直接推动高效发展物流枢纽经济，培育城市经济增长点；捕捉服务新需求，融合孕育“物流+”产业发展新业态；推动物流基础设施迭代更新，创新基建投资运营发展新范式；再造竞争新优势，提升国际国内产业链供应链控制力，为物流经济在国际国内两个维度创新发展模式夯实基础。

一、发展物流枢纽经济，培育城市经济增长点

国家物流枢纽是打造区域产业组织中心、发展枢纽经济的重要载体。加快以国家物流枢纽为主要载体的区域资源整合步伐，对接骨干物流通道，适应面向区域扩大辐射的物流需求特征，以辐射枢纽周边地区为主要方向，深化区域集疏运网络建设，提升枢纽信息化、规模化、网络化组织能力，积极培育发展枢纽经济，打造供应链和产业组织中心，可以促进相关产业与现代物流业融合发展，推动区域分散消费需求与产业规模供给在国家物流枢纽实现精准对接，创新区域经济发展新模式。

发展枢纽经济的一项重要任务是统筹城市空间布局和产业布局发展。这需要充分发挥国家物流枢纽辐射广、成本低、效率高、网络强的优势，带动区域农业、制造、商贸等产业集聚发展，打造形成各种要素大聚集、大流通、大交易的枢纽经济，不断提升枢纽的综合竞争优势和规模经济效应。以物流要素集聚为牵引，完善供应链组织方式，加快物流、商流、资金流、信息流、科技、人才等推动产业集聚扩张的高质量要素整合集聚，推动物流与实体制造、商贸等产业在空间分布、价值链延伸等方面融合联动发展，创新发展枢纽经济等新业态，引导具有规模化物流需求、辐射能级高、具备扩张发展潜能和地方特色的制造业，以及线上线下、国际国内一体的商贸业态集聚，围绕枢纽集约发展，提升产业规模和辐射能级，

加快完善城市功能配套，实现枢纽、产业、城市一体发展，打造区域枢纽经济发展新增长极。

发展枢纽经济的另一项重要任务就是提升中心城市、城市群的综合承载力。综合承载力体现为一定时期内区域资源能源、生态环境、基础设施、公共服务等对经济社会发展的承载支撑能力。当前，我国经济发展的空间结构正在发生深刻变化，中心城市和城市群成为承载发展要素的重要空间载体。这意味着，下一阶段的经济发展将进一步以中心城市和城市群作为主要空间载体，促进区域间要素流动，形成优势互补、高质量发展的区域经济布局。内陆中心城市、都市圈、城市群等区域靠近和直接服务我国超大规模市场，具备面向强大国内市场进行产业对接和辐射分拨的成本效率优势，需要进一步提升物流、产业、消费、人口、资源环境等综合承载能力，为新冠肺炎疫情后的复工复产和国内市场培育提供发展新动能和市场新空间。

二、捕捉物流服务新需求，孕育产业发展新业态

着眼深化物流领域供给侧结构性改革，夯实创新力、需求捕捉力、品牌影响力、核心竞争力基础，在枢纽等物流基础设施网络、专业物流服务系统、物流与经济产业融合创新等方面提供高效、创新、规模供给，推动物流与各产业融合联动，有效捕捉区域物流服务新需求。强化辐射功能，捕捉产业市场开拓引致的增量需求，加快推进现代物流业嵌入区域产业链、商贸链、服务链，推进实体经

济降本增效，提升产业发展竞争力，增大辐射能级及范围，做大市场规模；围绕产业扩张，营造“通道+枢纽+网络”现代物流体系，辐射区域、覆盖全国、联通国际国内，扩大既有产业辐射范围、市场规模，实现需求拓展和扩大培育产业。强化供应链管理功能，壮大产业集群发展引致的增量需求，挖掘既有产业潜力，针对具备雄厚产业基础，且具有产业链延伸价值、扩张服务区域及全面发展潜力的产业，加快推动现代物流业转型升级和供应链管理，完善供应链发展环境，以物流为牵引，推动存量产业供应链嵌入、产业链延伸和价值链提升“三链”融合，提升产业辐射国际国内成本效率优势和竞争力，推进产业集群化发展和高质量规模扩张，打造产业集群，培育产业扩张增量需求。加快推动产业布局和协同发展，捕捉增量产业扩张需求，完善产业引进与物流供应链解决方案一体化发展体制机制，培育供应链集成服务平台。通过供应链集成服务平台链接产业与物流服务能力的提升改善物流环境，吸引与物流具有较强亲和力的增量产业入驻，形成“无中生有”型产业增量物流需求。

在此基础上，利用平台经济发展的价值创造功能，加快物流与商流、信息流、资金流等要素集聚融合发展，在既有传统运输、仓储、装卸等基础上，推动物流业态升级和价值链延伸创造，加快“物流+制造”“物流+商贸”“物流+现代农业”“物流+旅游”“物流+金融”“物流+信息”“物流+供应链”等模式发展，培育产业物流、供应链金融、电子商务、跨境电商、物流信息、交易结算等新业态、新模式。同时，进一步延伸物流供应链，推进“通道+”经济一体发展。依托骨干物流通道等对外联系大通道，密切与通道沿线主要城市和枢纽产业联系，形成基于产业链链接关系的产业发展新格局，打造通道经济走廊，培育发展通道物流新需求。重点引导物流通道发展支持区域经济一体化建设，发挥国家物流枢纽干线辐射能力，针对性强化区域物流网络融合，营造区域产业共用的整体物流服务环境。聚焦支持沿通道特色优势产业协同发展，深化供应链整合服务，形成产业协作规模效应与互补发展格局，推进区域一体化落地实施。

在场景方面，重点推进国家物流枢纽、示范物流园区智能升级，打造国家智能化仓储物流示范基地及第五代移动通信（5G）网络物流应用场景，建设智能化、无人化园区。完善“新能源车制造+城市配送应用”发展新模式，推动新能源车物流场景应用、城市配送管理、智能调度物流发展等物流服务与新能源车制造一体互促、融合联动发展。推动智能城市配送系统与新能源车制造租赁、充电桩等建设融合发展，推广无人车配送在社区场景应用。推动冷链物流与冷链加工、冷链装备制造等产业联动发展，培育冷链车辆、冷链列车、冷链船、冷链仓储、冷链集装箱等冷链装备制造产业以及农产品冷链加工产业。

三、推动设施迭代更新，创新基建投资运营发展新范式

紧抓全球新一轮科技革命和产业变革蓬勃发展的战略机遇期，打造我国新型基础设施建设主要应用场景，推进物流设施迭代更

新。加快推动第五代移动通信（5G）、人工智能等先进技术在物流枢纽、铁路、公路、民航、港口等相关领域应用，加快既有物流网络基础设施智能化改造和云、网、端等智能物流基础设施新建，发展智慧国家物流枢纽、智慧铁路、智慧公路、智慧港航、智慧机场等，推动物流新型基础设施建设部署应用，以及与经济产业需求有效衔接。加强窄带物联网（NB-IoT）在桥梁、隧道、枢纽等重点交通基础设施的部署应用，推动自动化仓库、自动化码头等智能设施优化应用。加快发展智慧物流，推进智慧物流嵌入工业互联网系统，打造智能工厂、智能制造和智慧物流一体的产业互联网新动能。构建物流基础设施及运行大数据中心体系，创新打造基础设施运行和运营管理平台。建设完善多元化综合物流信息平台，构建“云上物流服务系统”。以智慧、数字物流为支撑，引领智能生产、智能工厂和智慧物流一体发展。推动相关场景应用。如“充电桩+新能源车制造+城市配送”一体发展；加快推动无人车配送在高校、社区等场景应用。

顺应科技创新发展和产业大融合趋势，着眼新旧动能接续转换的发展要求，创新要素投入方式，加快推动新型基础设施建设与传统基础设施建设共享融合发展。一方面，推进两者资源共享、设施共建、空间共用，充分利用传统基础设施网络和经济要素资源，统筹新型基础设施建设与传统基础设施建设空间布局和要素连接，加快推动实现“新”“老”基础设施资源“一张图”、规划布局“一张网”。另一方面，充分发挥新一代信息技术和新能源关键技术的牵引作用，加强大数据、云计算、3D打印、人工智能等先进技术在交通、能源、水利、市政等传统基础设施领域的广泛应用，加快推进传统基础设施建设数字化、智能化、绿色化升级改造。

与传统基础设施建设相比，新型基础设施的迭代建设和传统基础设施的升级改造规模更大，涉及产业更广，所需投资更大，突破了传统基础设施建设的资本规模和投资范围，高昂的建设成本和融合的设施形态必然要求创新投资运营模式。要创新完善投融资机制，探索建立健全财政信贷支持、风险可防可控的长效机制，从制度源头重塑基础设施全生命周期资金运转体系。创新投资建设模式，坚持以市场投入为主，支持多元主体参与建设，积极引导企业、民间资本通过多种方式参与基础设施建设和运营，鼓励金融机构创新产品强化服务。加强政府引导和支持，为投资建设提供更多便利。在投融资机制上，探索政策资金转化成产业资本，通过政策导向调动民间资本，建立产业跟随的新机制，通过联合相关部门推进、政企协同，激发各类主体的投资积极性，推动技术创新、部署建设和融合应用的互促互进。对新型基础设施建设，要提高投资质量和资金利用效率，降低金融风险。

四、再造竞争新优势，稳定国际产业链供应链

现代物流业对推动形成以国内大循环为主体、国内国际双循环相互促进的新发展格局，培育新形势下我国参与国际合作和竞

争新优势具有重要作用，特别是要深刻认识供应链整合、产业链延伸、价值链提升等“三链合一”发展，对于融入全球经贸产业格局的重要作用。以强大国内需求和庞大国际采购能力为后盾，利用国内电商、快递、线上线下融合新业态等方面已形成的先发与规模化优势，加快推进跨境电商、国际航运、中欧班列等领域适度超前布局，形成与我国经济规模匹配的国际竞争新优势，强化国际物流及供应链企业品牌建设和竞争力。运用大数据、云计算、区块链等信息技术，拓展与优化全球物流网络布局，提升我国商品国际供应链成本效率优势和市场竞争力，在形成全球化竞争新优势方面实现突破。

争取国际供应链组织服务主动权，提升全球价值链获利能力。发挥强大规模市场优势，构建以我国内需为导向的全球供应链组织体系。立足14亿人全面建成小康社会和开启现代化建设所产生的规模化需求，建立涵盖商品源头采购、生产制造、商品贸易、国际运输规则和标准等于一体的全产业链、供应链发展体系，重点在市场定价、贸易规则、商品标准等方面争取主动。以“一带一路”陆上经济走廊为重点方向，在巩固以海洋贸易为主的国际供应链整体格局基础上，积极探索在运输规则、陆上贸易新规则等方面的国际合作，增强主动性，提升国际物流价值链获利能力。

第三章

我国现代物流业发展取得显著成绩

党的十八大以来，在习近平总书记关于现代物流业发展重要论述指引下，我国现代物流业发展质量显著提升，公路、铁路、水运等的货运量以及快递业务量均跃居全球前列，社会物流成本水平明显下降。物流园区、多式联运等示范工程带动作用明显，国家物流枢纽、国家骨干冷链物流基地等重大物流基础设施建设加快推进，国家层面的物流基础设施网络逐步成型，正在成为我国现代物流业运作的核心载体。物流企业不断发展壮大，市场集中度持续提升，在铁空水货物运输、冷链物流、快递物流、家电物流、物流地产等领域，形成了一批在全国乃至全球具有重要影响力的网络型龙头物流企业。现代物流业成为吸纳就业的重要领域。国际物流发展不断提速，面向共建“一带一路”倡议全球物流网络加快建设，中欧班列年开行量突破8 000列，港口国际集装箱吞吐量全球遥遥领先。物流技术突飞猛进，物流信息化、自动化水平明显提升，“一单制”多式联运、即时配送、共同配送、网络货运、货运车联网等物流新业态蓬勃发展。物流规划精准发力，政策体系不断健全，发展环境不断优化，为我国现代物流业高质量发展奠定了坚实基础。

第一节

现代物流业质量显著提高

我国现代物流业实现高质量规模扩张，物流市场快速扩大，对一二三产业高质量发展支撑作用不断提升，在服务做好“六稳”工作落实“六保”任务方面发挥了重要作用。

一、物流市场规模快速扩大

党的十八大以来，在外贸持续扩张和消费升级双轮驱动下，现代物流业发展进入质量提升快车道，已成为我国现代产业体系的重要组成部分。我国社会物流总额由2012年的177.3万亿元增长到2019年的298万亿元，年均增速达到7.7%。现代物流业规模扩张总体与国民经济需求增速相适应，对促进经济社会高质量发展发挥了重要作用。

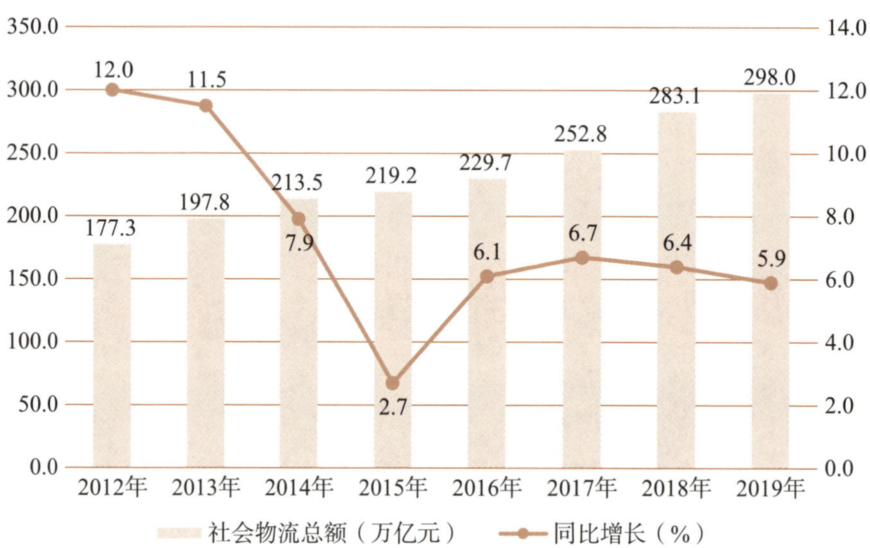

图3–1　2012—2019年我国社会物流总额及增速变化

数据来源：中国物流与采购联合会。

2019年，我国工业品物流总额269.6万亿元，按可比价格计算，同比增长5.7%，增速比上年回落0.5个百分点；进口货物物流总额14.3万亿元，同比增长4.7%，增速比上年提高1个百分点；农产品物流总额4.2万亿元，同比增长3.1%，增速比上年回落0.4个百分点；单位与居民物品物流总额8.4万亿元，同比增长16.1%；再生资源物流总额1.4万亿元，同比增长13.3%。工业品物流占绝对主导地位，既体现了我国制造业大国特征，又形成了满足工业品生产、流通全过程的供应链服务供给体系，有力促进了制造业规模扩张、运作模式创新和质量提升。

我国庞大的实体经济运行产生的生产、生活物资需求，带来了巨大的货物空间位移量，借助发达的交通运输网络，运输服务成为社会物流需求最活跃、最核心的环节。2019年，全国完成营业性货运量471亿吨，完成货物周转量199 290亿吨公里，稳居世界第一。近年来，国际物流、国内跨区域干线运输量保持高增长态势，有效支撑了国际贸易、区域经济发展新格局的形成和发展，运输服务需求的持续增长成为现代物流业发展亮点，为维护国民经济平稳有序健康发展奠定了坚实基础。

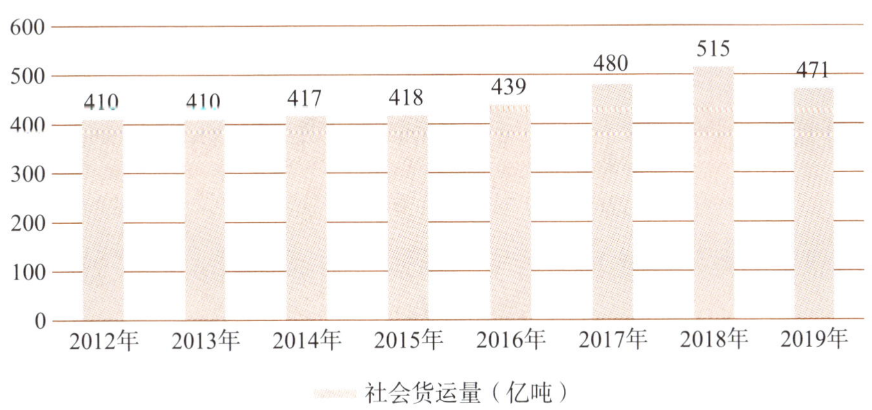

图3-2 2012—2019年我国社会货运量

说明：2019年社会货运量统计口径有变化导致绝对值下降。

数据来源：国家统计局。

2019年，我国物流业总收入10.3万亿元，同比增长9.0%，比

2014年增长45.1%，年均增速达到7.7%。随着规模快速扩张、服务模式创新加快、产业效益显著提升，现代物流业对国民经济体系高质量发展的支撑力度不断加大，特别是随着电商物流成为10万亿元级的新兴产业，现代物流业已成为扩内需、引外需、稳就业、降成本、提效率的重要支柱产业，在我国现代产业体系中的地位不断巩固。

二、社会物流成本水平稳步下降

党的十八大特别是“十三五”以来，国务院先后印发《物流业降本增效专项行动方案（2016—2018年）》（国办发〔2016〕69号）、《关于进一步推进物流降本增效促进实体经济发展的意见》（国办发〔2017〕73号）、《关于进一步降低物流成本的实施意见》（国办发〔2020〕10号）等重要政策文件。国家发展改革委会同相关部门认真贯彻落实党中央、国务院决策部署，统筹降低“物流企业成本”和“企业物流成本”，从深化“放管服”改革、加大减税清费力度、加强重点领域和薄弱环节建设、推进物流信息化标准化智能化、深化产业联动融合和信息互联互通等方面出台了一系列具体举措，基本构建起推进物流降本增效政策框架体系，并通过供给需求双侧政策“组合拳”综合应用，引导实体经济降低物流成本水平。同时，为探索符合我国国情和现代物流业发展特点的行业管理模式，破除制约物流降本增效和创新发展的体制机制障碍，按照国务院有关部署，2019年，国家发展改革委会同交通运输部联合印发《关于做好物流降本增效综合改革试点工作的通知》，决定在山西、江苏、浙江、河南、重庆、四川等6省（市）组织开展为期两年的物流降本增效综合改革试点，遵循“地方探索、央地推动、先行先试、重点突破”的总体思路，通过创新改革探索物流降本增效成功模式和先进经验。相关部门从运输、仓储、配送、包装、物流用地、物流信息等领域也出台了一系列针对性措施，对系统降低社会物流成本水平发挥了积极作用。

社会物流总费用与国内生产总值的比率是从宏观层面衡量社会物流成本水平的重要指标，集中体现了现代物流业的效率和服务水平。在一系列物流降本增效措施推动下，我国社会物流总费用与国内生产总值的比率从2012年的18%快速下降到2019年的14.7%，累计下降3.3个百分点，成为社会物流成本水平降速最快、降幅最大的时期，虽然与欧美等发达国家相比仍明显偏高，但考虑到我国产业结构、国土空间布局特征，特别是2016年以来在全国范围内实施系统性降低物流成本工作成效突出，总体上，我国社会物流成本水平与欧美等发达国家差距不断缩小的总体趋势已形成，物流降本增效成效显著。

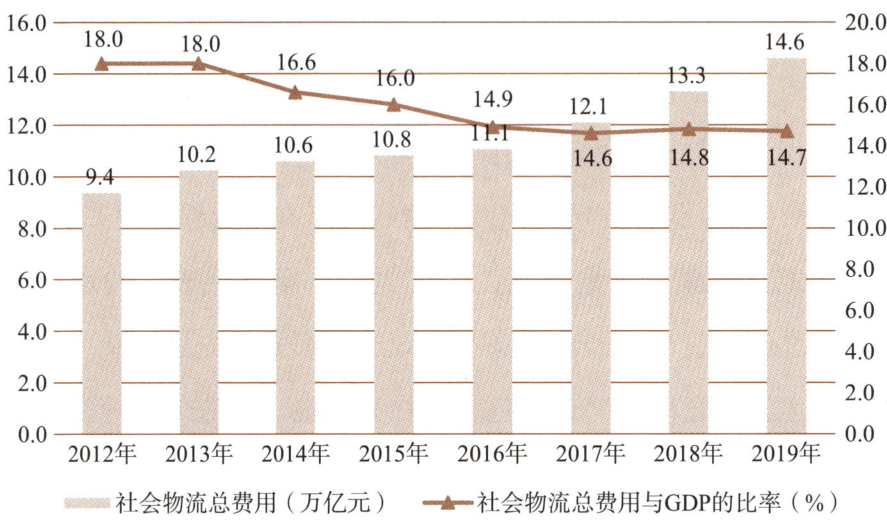

图3-3　2012—2019年国社会物流总费用与GDP比率变化

数据来源：国家发展改革委、中国物流与采购联合会。

近年来，物流业界和学术界对“社会物流总费用与国内生产总值的比率”这个指标提出了一些不同看法甚至是质疑，认为这一指标受三次产业结构、产业和人口分布等因素影响，并不能准确反映社会物流成本水平及其变化。对此，要有客观理性的认识，但也不能仅凭对某一个指标合理性存在疑问，就认为社会物流成本水平较高问题不存在。例如，从物流费用率（即物流费用占销售收入的比率）看，2018年我国工商企业物流费用率为7.9%，大部分行业的物流费用率都高于日本。又如，世界银行发布的物流绩效指数（LPI）主要反映与国际贸易活动相关的物流绩效水平，2018年我国物流绩效指数在全球160个经济体中排名第26位，在同等收入水平国家中名列前茅，但与发达国家相比仍有不小的差距。

三、各种运输方式蓬勃发展

运输是物流服务的重要环节。近年来，在共建“一带一路”倡议和相关重大国家战略实施引领下，我国外向型经济和内需开始了新一轮快速扩张。各种运输方式实现了快速发展，在现代物流业规模扩张和高质量发展中发挥了重要支撑作用。

公路运输在中短距离运输中技术经济优势明显，长期占据我国货运市场主导地位。2019年，我国公路完成营业性货运量343.6亿吨，增长4.2%，占全社会货运量的比重达74.3%；完成货物周转量59 636亿吨公里，增长0.4%，占社会货物周转量的比重为30.7%。在货运结构调整推动下，铁路货运量近年来持续增长，2019年全国铁路完成货物总发送量43.9亿吨，比上年增长7.2%；完成货物总周转量30 181亿吨公里，增长4.3%。铁路货运量增速明显高于公路运输，货运结构持续优化。

水运在长距离运输中的成本优势凸显，成为我国参与全球产业分工合作的核心载体。2019年，我国水路完成货运量74.7亿吨，增长6.3%；完成货物周转量103 963亿吨公里，增长5.0%。水运以16.1%的货运量完成了53.6%的货运周转量。其中，内河运输完成货运量39.1亿吨，货物周转量16 302亿吨公里；沿海运输完成货运量27.3亿吨，货物周转量33 603.6亿吨公里。集装箱吞吐量是衡量港口现代化、国际化的重要指标。2019年，我国港口完成集装箱吞吐量2.6亿标箱（TEU），比上年增长4.4%，全球货物和集装箱吞吐量规模前十的港口中我国占据七席，长期处于全球领先位置，对支撑我国在全球经济产业分工体系中的地位发挥了重要作用。

表3–1　2019年全球集装箱吞吐量排名前十的港口

排名	港口	2019年吞吐量（万标箱）
1	上海	4 330
2	新加坡	3 720
3	宁波–舟山	2 753
4	深圳	2 577
5	广州	2 283
6	釜山	2 195
7	青岛	2 101
8	香港	1 836
9	天津	1 730
10	迪拜*	1 700

注：迪拜港为估算。

数据来源：交通运输部、各港口港务局官网。

近年来，以电子产品为代表的高端产品对高时效国际航空物流需求快速增长。与此同时，我国航空机队规模快速扩大、航线网络全球布局也为航空物流发展创造了更优条件。2019年，我国民航完成货邮运输量753.1万吨，约为美国同期水平的60%，其中，国内货邮运输量511.2万吨，占总量的68%。客机腹舱带货运输依然是我国航空货运的主要运输方式，约占航空货运总量的70%，其中，

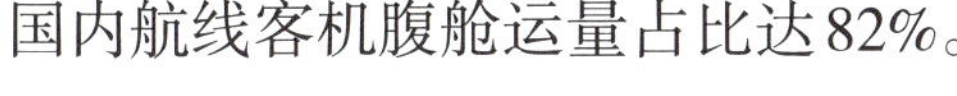
国内航线客机腹舱运量占比达82%。

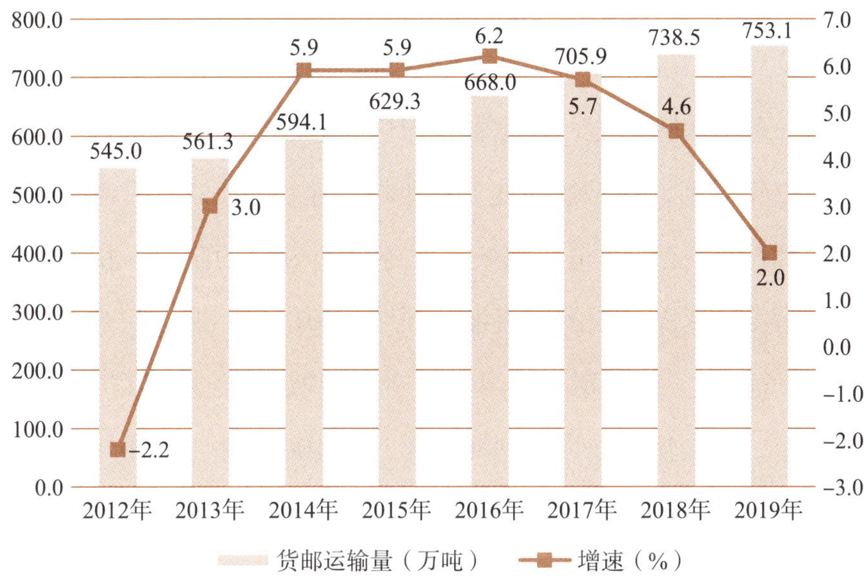

图3–4 2012—2019年我国航空货邮运输量变化情况

数据来源：中国民航局。

四、专业物流能力不断擢升

在内需扩张、消费升级以及电子商务等新业态蓬勃发展带动下，快递物流市场需求持续高速增长，成为推动现代物流业高速发展的重要动力。2015年，国务院印发《关于促进快递业发展的若干意见》（国发〔2015〕61号），指出“快递业是现代服务业的重要组成部分，是推动流通方式转型、促进消费升级的现代化先导性产业”，明确了培育壮大快递企业、推进“互联网+”快递、构建完善服务网络、衔接综合交通体系、加强行业安全监管等重大任务，并从深入推进简政放权、优化快递市场环境、健全法规规划体系、加大政策支持力度、改进快递车辆管理、建设专业人才队伍等六方面提出一系列保障措施，标志着我国快递业进入黄金发展期。

2012年以来，我国快递业务量年均增速达41.1%，截至2019年底已达到635.2亿件，是我国快递业务增速最快的阶段。快递业也成为我国发展速度最快的物流细分领域。2014年，我国快递业务量达到139.6亿件，首次超过美国（美国同期快递业务量约120亿件），此后五年，我国快递业务量每年增量达到100亿件。2018年我国快递业务占全球约50%，到2019年快递业量占全球比重近六成。单从快递业务量角度，我国已成为全球快递大国，多家快递企业业务量已跃升至全球前十位。快递业的蓬勃发展为电子商务、农产品流通、工业品下乡等创新发展形成良好支撑和引领。

冷链物流对支持农业发展、促进农民增收、保障食品安全、推动消费升级具有重要意义，近年来日益成为现代物流业发展的热点。2019年，我国食品冷链物流需求总量达到2.3亿吨，同比增长24.7%，比2018年增加4 400多万吨。2019年，我国食品冷链物流总额约为6万亿元，同比增长27.1%。2019年，我国冷链物流市场总规模达到3 400亿元左右，比2018年增加约500亿元。冷链物流市场规模增速远高于现代物流业总体和我国经济社会发展增速，表明我国消费升级、消费能力扩张势头强劲。冷链物流基础设施方面，2019年全国冷库总量达到6 000多万吨（折合1.5亿立方米），新增库容810多万吨，同比增长15.6%。冷藏车保有量突破20万辆，为冷链物流发展奠定良好基础。

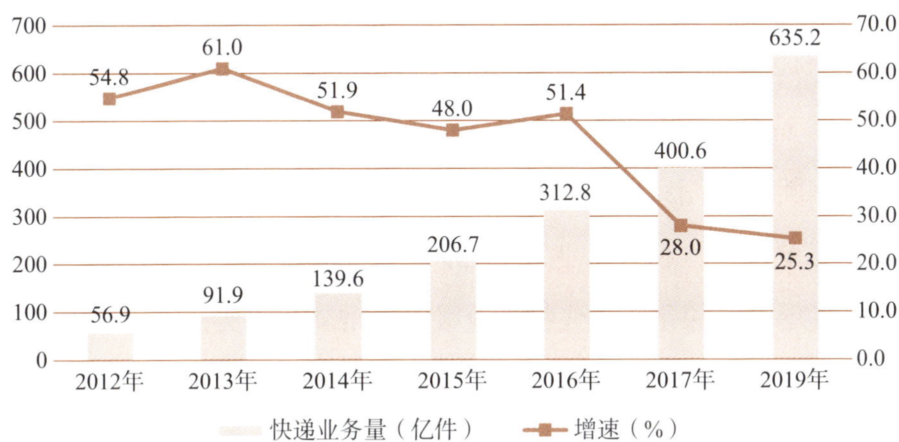

图3-5　2012—2019年我国快递业务量增长情况

数据来源：国家邮政局。

五、物流吸纳就业成效显著

截至2019年底，全国共有物流相关法人单位40万家左右，相关从业人员超过5 000万人，占我国社会就业人口的比重接近7%，在稳就业方面发挥着重要的稳定器作用。其中，直接从业人员超过1 000万人，从事物流活动的个体工商户从业人员达2 000多万人，工业、批发和零售业等行业法人单位的物流岗位从业人员超过1 000万人。

随着我国经济进入新常态，经济转型和产业升级压力日益加大，由此造成的结构性就业问题使我国就业形势较为严峻。在这种情况下，随着现代物流业创新发展出现的快递、即时配送等新业态成为吸纳就业人员的重要领域。中国邮政快递报社发布的《2019年全国快递从业人员职业调查报告》显示，2019年我国快递从业人员突破300万人，党的十八大以来年均增长超过30万人。闪送、外卖、跑腿等物流新业态高速增长，也带动就业人员规模快速扩大，据不完全统计，相关从业人员已到达1 300万人。可以预见，随着创新发展不断深化，现代物流业吸纳新增就业潜力巨大，对吸纳就业的重要作用将进一步凸显。

第二节

物流基础设施加快成网

物流基础设施是现代物流业运作的重要载体。党的十八大以来，我国加大物流基础设施建设力度，已形成较大规模的存量物流基础设施，基础设施条件不断改善，并初步形成了以国家物流枢纽为核心，国家骨干冷链物流基地、示范物流园区、多式联运场站等为支撑的物流基础设施网络，为现代物流业发展提供了坚实基础。

一、国家物流枢纽网络加快布局

物流枢纽是集中实现货物集散、存储、分拨、转运等多种功能的物流设施群和物流活动组织中心。国家物流枢纽是物流体系的核心基础设施，是辐射区域更广、集聚效应更强、服务功能更优、运行效率更高的综合性物流枢纽，在全国物流网络中发挥关键节点、重要平台和骨干枢纽的作用。为贯彻落实党中央、国务院关于加强物流等基础设施网络建设的决策部署，加快推动现代物流业集约化、网络化和规模化发展，2018年12月，经国务院同意，国家发展改革委、交通运输部印发《国家物流枢纽布局和建设规划》（发改经贸〔2018〕1886号），在127个具备一定条件的城市规划布局212个国家物流枢纽，分为陆港型、港口型、空港型、生产服务型、商贸服务型、陆上边境口岸型等6种类型，重点从点、线、网、面四个层次，构建衔接有序、高效协同、功能完备的物流基础设施网络，为物流高质量发展奠定坚实基础，为实体经济转型升级和新旧动能转换提供有力支撑。首先在“点”上，系统整合相对分散的存量物流基础设施，减少低水平重复建设和同质竞争，提高行业集约化发展水平。引导物流设施、物流企业等资源集聚，推动形成规模经济效应。其次在“线”上，加强国家物流枢纽之间、国家物流枢纽与其他物流枢纽之间的互联互通，推动形成规模化、组织化、常态化的物流活动，提高干线物流效率、促进干支高效衔接，推动降低社会物流成本水平。再次在“网”上，完善国家物流枢纽空间布局，构建国家物流枢纽网络，打造形成“通道+枢纽+网络”的现代物流运行体系，促进物流组织方式变革。最后在“面”上，依托国家物流枢纽的资源集聚和区域辐射作用，带动区域内制造、商贸等产业集聚，推动形成一批枢纽经济增长极，培育经济发展新动能。

》专栏 3-1

国家物流枢纽布局承载城市

1.陆港型国家物流枢纽承载城市

包括石家庄、保定、太原、大同、临汾、呼和浩特、乌兰察布、沈阳、长春、哈尔滨、佳木斯、南京、徐州、杭州、合肥、南昌、鹰潭、济南、潍坊、郑州、安阳、武汉、长沙、衡阳、南宁、柳州、重庆、成都、遂宁、贵阳、遵义、昆明、拉萨、西安、延安、兰州、酒泉、格尔木、乌鲁木齐、哈密、库尔勒。

2.港口型国家物流枢纽承载城市

包括天津、唐山、秦皇岛、沧州、大连、营口、上海、南京、苏州、南通、连云港、宁波-舟山、芜湖、安庆、福州、厦门、九江、青岛、日照、烟台、武汉、宜昌、岳阳、广州、深圳、湛江、钦州-北海-防城港、洋浦、重庆、泸州。

3.空港型国家物流枢纽承载城市

包括北京、天津、哈尔滨、上海、南京、杭州、宁波、厦门、青岛、郑州、长沙、武汉-鄂州、广州、深圳、三亚、重庆、成都、贵阳、昆明、拉萨、西安、银川、乌鲁木齐。

4.生产服务型国家物流枢纽承载城市

包括天津、石家庄、唐山、邯郸、太原、鄂尔多斯、包头、沈阳、大连、长春、哈尔滨、大庆、上海、南京、无锡、苏州、杭州、宁波、嘉兴、金华、合肥、蚌埠、福州、三明、南昌、青岛、郑州、洛阳、武汉、十堰、襄阳、长沙、郴州、广州、深圳、珠海、佛山、东莞、南宁、柳州、重庆、成都、攀枝花、贵阳、西安、宝鸡、石河子。

5.商贸服务型国家物流枢纽承载城市

包括天津、石家庄、保定、太原、呼和浩特、赤峰、沈阳、大连、长春、吉林、哈尔滨、牡丹江、上海、南京、南通、杭州、温州、金华（义乌）、合肥、阜阳、福州、平潭、厦门、泉州、南昌、赣州、济南、青岛、临沂、郑州、洛阳、商丘、南阳、信阳、武汉、长沙、怀化、广州、深圳、汕头、南宁、桂林、海口、重庆、成都、达州、贵阳、昆明、大理、西安、兰州、西宁、银川、乌鲁木齐、喀什。

6.陆上边境口岸型国家物流枢纽承载城市

包括呼伦贝尔（满洲里）、锡林郭勒（二连浩特）、丹东、延边（珲春）、黑河、牡丹江（绥芬河－东宁）、防城港（东兴）、崇左（凭祥）、德宏（瑞丽）、红河（河口）、西双版纳（磨憨）、日喀则（吉隆）、伊犁（霍尔果斯）、博尔塔拉（阿拉山口）、克孜勒苏（吐尔尕特）、喀什（红其拉甫）。

按照《国家物流枢纽布局和建设规划》等文件要求，2019年9月，国家发展改革委、交通运输部经专家评审和研究论证，联合确定并发布2019年23个国家物流枢纽建设名单。其中，东部地区10个、中部地区5个、西部地区7个、东北地区1个，涵盖规划涉及的全部类型，有利于服务“一带一路”建设、京津冀协同发展、长江经济带发展、粤港澳大湾区建设、长三角区域一体化发展等重大战略实施和促进形成强大国内市场。

»专栏 3-2

2019年度国家物流枢纽

东部地区10个：天津港口型国家物流枢纽、上海商贸服务型国家物流枢纽、南京港口型（生产服务型）国家物流枢纽、金华（义乌）商贸服务型国家物流枢纽、临沂商贸服务型国家物流枢纽、广州港口型国家物流枢纽、宁波–舟山港口型国家物流枢纽、厦门港口型国家物流枢纽、青岛生产服务型（港口型）国家物流枢纽、深圳商贸服务型国家物流枢纽。

中部地区5个：太原陆港型（生产服务型）国家物流枢纽、赣州商贸服务型国家物流枢纽、郑州空港型国家物流枢纽、宜昌港口型国家物流枢纽、长沙陆港型国家物流枢纽。

西部地区7个：乌兰察布–二连浩特陆港型（陆上边境口岸型）国家物流枢纽、南宁陆港型国家物流枢纽、重庆港口型国家物流枢纽、成都陆港型国家物流枢纽、西安陆港型国家物流枢纽、兰州陆港型国家物流枢纽、乌鲁木齐陆港型国家物流枢纽。

东北地区1个：营口港口型国家物流枢纽。

2019年23个国家物流枢纽确定以来，相关省（区、市）政府部门和建设运营企业高度重视国家物流枢纽和服务网络建设，国家物流枢纽建设和配套设施建设不断提速。国家发展改革委会同相关部门指导行业协会牵头推进成立国家物流枢纽联盟，加快国家物流枢纽间的业务对接、标准协调和信息互联互通。同时，加快研究制定国家物流枢纽评价体系，为深入推进国家物流枢纽建设提供科学指导。

>> 专栏 3-3

国家物流枢纽建设案例

宜昌港口型国家物流枢纽。由三峡大坝下游白洋港后方白洋物流园和上游茅坪港后方秭归翻坝物流产业园区构成，以三峡大坝坝上坝下双园区联动、上游下游分区域辐射、减轻过坝物流压力为导向，打造长江经济带港口型国家物流枢纽、现代供应链组织中心和绿色智慧物流中枢，形成培育现代枢纽经济发展的核心载体。其中，坝下白洋物流园占地2 862亩，预留1 100亩，主要包括仓储配送区、智能化货运集散中心、综合管理与物流信息中心、车辆服务中心等功能区。坝上秭归翻坝物流产业园区占地面积约2 250亩，包括物流集散中心、露天货场、仓储、冷藏（冻）和港口码头、货车滚装码头、商品车滚装码头及信息中心、货运中心、综合服务区等功能区。新冠肺炎疫情期间，宜昌港口型国家物流枢纽利用“北粮南运西进”“粮肥互换”“商品车翻坝转运”“集装箱翻坝转运”等多式联运示范线路，10天内完成3 000吨粮食紧急转运，解决了西南饲料企业和大量农业养殖户的燃眉之急，为宜昌城区1 500多个小区提供民生物资保障。宜昌港口型国家物流枢纽建设对于畅通长江黄金水道、缓解过坝拥堵、打造西南腹地“出海口”均具有十分重要的战略意义。

临沂商贸服务型国家物流枢纽。总占地面积1 080亩，方圆5公里覆盖了100多个年交易额过亿元的专业批发市场及产品加工基地，具有商贸集货、供应链服务、干支联运、仓配一体、中转分拨、多式联运、国际物流、金融保险、配套服务九大功能。临沂商贸服务型国家物流枢纽以综合信息服务中心为基础和纽带，与生产企业、批发业户、物流专线、其他枢纽和运输方式实现信息互联互通，提供干支仓配、信息、金融等一体化服务，致力于打造成我国最大的集散型商贸物流中心、豫皖苏鲁地区最大的公路物流干支衔接枢纽。已常态化开行国际国内货运班列，铁路年到发货量近2 000万吨。拥有覆盖全国1 800多个县级以上城市的近2 000条公路干线，年货物运输量2 000万吨，对带动临沂商贸物流转型升级、促进商贸物流产业二次扩张、带动商贸物流枢纽经济发展均具有十分重要的意义。

二、示范物流园区建设发挥作用

物流园区是进行物流集中运作、实现不同运输方式高效衔接的重要设施载体，在促进区域物流资源整合、提高物流运作效率等方面发挥了重要作用，其建设发展也有利于节约集约物流用地。根据行业协会调查，我国物流园区数量已经达1 600多家，但功能单一、重复建设等问题较为突出，总体发展水平仍有待提高。为引导物流园区健康有序发展，按照国务院有关工作部署，2015年以来，国家发展改革委会同国土资源部（现自然自源部）、住房城乡建设部开展国家级示范物流园区建设工作，已先后分两批遴选出56家示范物流园区，旨在充分发挥示范物流园区管理科学先进、运行效率高、对区域经济支撑作用突出的引领作用，带动我国物流园区建设、管理和服务水平提升。在示范带动我国物流园区建设、管理和服务水平提升方面发挥了积极作用。为进一步发挥示范物流园区管理科学先进、运行效率高、对区域经济支撑作用突出等引领作用，2020年7月，国家发展改革委会同自然资源部印发《关于开展第三批物流园区示范工作的通知》，启动新一批示范物流园区建设工作。

»专栏 3-4

示范物流园区

第一批示范物流园区（29家）：北京通州物流基地、中国（上海）自由贸易试验区（外高桥保税物流园区）、重庆西部现代物流产业园、沈阳国际物流港、迁安北方钢铁物流园区、郑州国际航空物流园区、河南保税物流中心、山东盖家沟国际物流园、临沂经济技术开发区现代物流园、陕西国际航空物流港（西咸新区）、青海朝阳物流园区（西宁）、武汉东西湖综合物流园、湖南金霞现代物流园（长沙）、安徽合肥商贸物流园区、张家港玖隆钢铁物流园、惠龙港国际物流园区（镇江）、杭州传化公路港、嘉兴现代物流园、林安物流园（广州）、云南腾俊国际陆港（昆明）、清镇市物流园区（贵阳）、中国西部现代物流港（遂宁）、内蒙古红山物流园（赤峰）、广西防城港市东湾物流园区、大连保税区（物流园区）、青岛胶州湾国际物流园、宁波（镇海）大宗货物海铁联运物流枢纽港、厦门保税物流（区港联动）园区、深圳市前海湾保税物流园区。

第二批示范物流园区（27家）：邢台好望角物流园区、山西中鼎物流园、内蒙古集宁现代物流园区、吉林香江物流园、中国（上海）自由贸易试验区洋山保税港区（陆域）物流园区、南京龙潭综合物流园区、上合组织（连云港）国际物流园、义乌港物流园、浙江衢州工业新城物流园区、宁波经济技术开发区现代国际物流园区、安徽华源现代物流园、福建福港综合物流园区、江西鹰潭市现代物流园、山东佳怡物流园、威海国际物流园、郑州国际物流园区、商丘豫东综合物流产业园、宜昌三峡物流园、湘南国际物流园、广东南方物流集团物流园、深国际华南物流园、广西凭祥综合保税区物流园、重庆秀山（武陵）现代物流园区、南充现代物流园、贵州黔中（安顺）物流园区、甘肃（兰州）国际陆港、成都铁路局城厢铁路物流基地。

国家级示范物流园区建设工作开展以来，国家发展改革委会同行业协会等有关方面，通过举办研讨会等形式，总结推广示范物流园区建设发展经验，加强交流合作，推动物流园区功能及管理机制创新，提升示范物流园区行业影响力，对引导全国物流园区高质量发展发挥了积极作用。

» 专栏 3-5

示范物流园区——上海外高桥保税物流园区

上海外高桥保税物流园区位于我国改革开放最前沿的上海浦东新区，与外高桥港区连成一体，距离外高桥保税区仅有3公里。园区是国务院批准的全国第一家保税物流园区，同时是上海市“十一五”期间重点规划的三大物流基地之一，于2004年4月15日通过海关总署联合验收小组验收，具有国际中转、国际采购、国际配送、国际转口四大功能。园区封关开发面积1.03平方公里，总投资50亿元人民币，已建成营运仓库70万平方米；区港联动转运区14万平方米，商务和关检设施4万平方米。截至2019年底，累计引进中外物流企业40家，境外物流企业占70%，贸易公司60家，国际前20位的跨国物流企业有一半已进驻园区，年进出区货值超过1 000亿美元。上海外高桥保税物流园区在国际物流企业引进培育、保税物流发展、国际贸易与国际物流联动发展方面具有示范性。

上海外高桥保税物流园区鸟瞰图

三、专业物流基础设施功能彰显

多式联运示范工程稳步实施。加快多式联运发展有利于调整优化运输结构，显著提高运输组织效率，切实降低通道物流成本，增强运输服务保障能力。2015年，为服务共建“一带一路”倡议以及京津冀协同发展、长江经济带发展等国家战略，按照《物流业发展中长期规划（2014—2020年）》（国发〔2014〕42号）有关安排，交通运输部、国家发展改革委联合开展多式联运示范工程，加快推进物流大通道建设，不断完善综合交通运输体系。多式联运示范工程开展以来，评选了三批共70个示范工程项目，带动引领多式联运场站设施建设，加快推动构建全国多式联运网络，显著提升多式联运运作和运输服务效率，为货物运输结构调整等提供了有力支撑。

»专栏 3-6

多式联运示范工程

第一批多式联运示范工程（16个）：驮背运输（公铁联运）示范工程；河北省“东部沿海－京津冀－西北”通道

集装箱海铁公多式联运示范工程；大连东北亚国际航运中心“亚太－东北地区”通道集装箱海铁公多式联运示范工程；辽宁省“东南沿海－营口－欧洲”通道集装箱公铁水联运示范工程；江苏省新亚欧大陆桥集装箱多式联运示范工程；“宁波舟山港－浙赣湘（渝川）”集装箱海铁公多式联运示范工程；青岛“一带一路”跨境集装箱海铁公多式联运示范工程；河南省郑欧国际货运班列“一干三支”铁海公多式联运示范工程；湖北省武汉市推进“一带一路战略、长江经济带战略”集装箱铁水联运示范工程；中外运（广东）“东盟－广东－欧洲”公铁海河多式联运示范工程；贯通欧亚大陆的公铁联运冷链物流通道示范工程；重庆市渝新欧多式联运示范工程；四川省成都国际铁路港集装箱铁公水多式联运示范工程；云南省“昆明－东南亚、长江经济带、广西北部湾”一心三支“点轴辐射型”集装箱公铁海多式联运示范工程；兰州南亚国际班列公铁联运示范工程；新疆生产建设兵团丝绸之路国际多式联运示范工程。

第二批多式联运示范工程（30个）：天津港中蒙俄经济走廊集装箱多式联运示范工程；河北省长久物流商品车公铁水联运示范工程；太原铁路局“一核两网三联四通”铁海公集装箱多式联运示范工程；山西方略保税口岸型国

际内陆港“一园双网两级多维”大宗货物集装箱多式联运示范工程；“西北地区－京津冀区域”铁路多功能车智慧公铁水多式联运示范工程；液体化工（甲醇、成品油）罐式集装箱铁公海多式联运示范工程；吉林省华航集团打造一汽物流供应链服务体系多式联运示范工程；黑龙江省牡丹江国际（国内）陆海联运通道集装箱多式联运示范工程；南京区域性航运物流中心“连长江、通欧亚、对接沿海、辐射中西部”多式联运示范工程；顺丰航空集装器空陆联运示范工程；依托长江黄金水道、立足皖江城市带马鞍山多式联运示范工程；联通“一带一路”的厦门东南国际航运中心海铁多式联运示范工程；赣州港“一带一路”多式联运示范工程；环渤海鲁辽公铁水滚装联运示范工程；河南省机场集团打造“空中丝绸之路”空陆联运示范工程；服务自贸区战略构建中原“米”字形高铁物流网络铁公空多式联运示范工程；长江中游黄石新港“打造一体化铁路港前站服务港产协同发展”铁水公联运示范工程；湖南城陵矶新港水公铁集装箱多式联运示范工程；广东省盐田港亚太－泛珠三角－欧洲国际集装箱多式联运示范工程；广西服务“一带一路”战略“西南－北部湾－东盟/中国沿海”点线并举、境外布局多式联运示范工程；四川省“空中+陆上”丝绸之路国际空铁公多式联运示范工程；重庆果园港服务长江经济带战略铁水联运示范工程；贵州省贵州国际陆港联通川贵地区-粤港澳大湾区集装箱铁水联运示范工程；云南省面向南亚东南亚的“一核、三轴、多节点”国际多式联运示范工程；西安港建设“一带一路”内陆中转枢纽陆海空多式联运示范工程；甘肃省兰州新区空铁海公多式联运示范工程；“东部沿海-宁蒙地区（石嘴山）-中阿国家”集装箱公铁海多式联运示范工程；新疆“东联西出”集装箱公铁水联运示范工程；新疆（奎屯）双向开放、多点支撑的“两主两拓展X型”物流大通道多式联运示范工程；新疆生产建设兵团大宗物资国际多式联运示范工程。

第三批多式联运示范工程（24个）：中国物流“三区六品”多式联运示范工程；中欧班列集装箱多式联运信息集成应用示范工程；河北黄骅港“西北内陆-东南沿海”集装箱海铁联运示范工程；安通控股打造“国内一流、国际知名”的“陆海河联动、内外贸融合”网络化多式联运示范工程；哈尔滨局“一核心两网络三通道”多式联运示范工程；安吉物流沿江沿海经济带商品车滚装多式联运示范工程；打通大宗物资供应链经济走廊，构建“陆港一体”多式联运示范工程；苏南地区集装箱公铁水多式联运示范工程；助力浙江海洋经济示范区发展、提升台州湾区经济产业集聚效应公铁水多式联运示范工程；公铁两用挂车运输支撑沿长江物流通道建设多式联运示范工程；服务新旧动能转换综合试验区建设 推动“陆港海港联动、公铁两用车创新”智慧绿色铁海公多式联运示范工程；服务“调结构、保民生、赢蓝天”液化天然气（LNG）罐式集装箱网络化陆（江）海多式联运示范工程；长江三峡枢纽“大分流、小转运”水铁公多式联运示范工程；武汉打造长江经济带粮食物流核心枢纽与供应链金融服务平台多式联运示范工程；武汉长江中游航运中心鄂州三江港区国际物流铁水公空一体化多式联运示范工程；传化智联打造“互联共享、网络全国、辐射国际”的商品车及集装箱铁水公联运示范工程；武陵山片区四省联动共推“一带一路”、长江经济带战略集装箱公铁水联运示范工程；顺丰铁联多式联运平台示范工程；打造粤港澳大湾区“7+5”多层节点网络多式联运示范工程；国际陆海贸易新通道（南向通道）集装箱多式联运示范工程；中国西部汽车物流多式联运示范工程；渝黔联动公铁水集装箱多式联运示范工程；陆海联动、多点协同的集装箱多式联运智能骨干网建设示范工程；银川公铁物流港“通欧亚、对接沿海、辐射宁蒙陕甘毗邻（华北）地区”多式联运示范工程。

国家智能化仓储物流示范基地建设有序推进。智能化仓储物流对提高电商、快递、冷链、医药等领域物流效率，支持相关产业发展具有重要作用。2017年6月，按照经国务院同意印发的《“互联网+”高效物流实施意见》（发改经贸〔2016〕1647号）有关工作安排，国家发展改革委会同商务部组织评选出京东上海“亚洲一号”物流基地等10家单位为国家智能化仓储物流示范基地，以点带面推动传统仓储转型升级，提高物流仓储智能化、信息化水平。这10家示范基地普遍拥有自动化立体库，采取自动化、智能化分拣系统，科技含量和物流运作效率高，对带动引领我国仓储物流基础设施加快智能化、自动化改造步伐，促进传统物流业向现代物流业转型发挥了积极作用。

》专栏 3-7

国家智能化仓储物流示范基地

京东上海“亚洲一号”物流基地、南京苏宁云仓物流基地、顺丰华北航空枢纽（北京）中心、九州通武汉东西湖现代医药物流中心、长春一汽国际物流有限公司物流园区、日日顺物流青岛仓、菜鸟网络广州增城物流园区、招商物流北京分发中心、怡亚通供应链深圳物流基地、荣庆上海嘉定冷链物流园区。

国家骨干冷链物流基地建设提速。随着内需扩张和消费升级持续推进，我国冷链物流需求高速增长，对加快现代化骨干冷链物流基础设施建设布局提出新的要求。2019年，中央政治局会议、中央经济工作会议对城乡冷链物流设施补短板作出明确部署；中央农村工作会议和2020年中央1号文件再次明确提出启动农产品仓储保鲜冷链物流设施建设工程，加强农产品冷链物流统筹规划、分级布局和标准制定，安排中央预算内投资，支持建设一批骨干冷链物流基地。按照党中央、国务院部署，2020年3月，国家发展改革委启动国家骨干冷链物流基地建设工作，以构建国家层面的骨干冷链物流基础设施网络为目标，以整合存量冷链物流资源为主线，重点向高附加值生鲜农产品优势产区和集散地，布局建设一批国家骨干冷链物流基地，整合集聚冷链物流市场供需、存量设施以及农产品流通、生产加工等上下游产业资源，提高冷链物流规模化、集约化、组织化、网络化水平，支持生鲜农产品产业化发展，促进城乡居民消费升级。2020年7月，经专家评审和深入论证，国家发展改革委发布2020年17个国家骨干冷链物流基地建设名单，标志着国家骨干冷链物流基地建设进入实质性推进阶段。

›› 专栏 3-8

国家骨干冷链物流基地

北京平谷国家骨干冷链物流基地、山西晋中国家骨干冷链物流基地、内蒙古巴彦淖尔国家骨干冷链物流基地、辽宁营口国家骨干冷链物流基地、江苏苏州国家骨干冷链物流基地、浙江舟山国家骨干冷链物流基地、安徽合肥国家骨干冷链物流基地、福建福州国家骨干冷链物流基地、山东济南国家骨干冷链物流基地、河南郑州国家骨干冷链物流基地、湖北武汉国家骨干冷链物流基地、湖南怀化国家骨干冷链物流基地、广东东莞国家骨干冷链物流基地、四川自贡国家骨干冷链物流基地、云南昆明国家骨干冷链物流基地、陕西宝鸡国家骨干冷链物流基地、青岛西海岸新区国家骨干冷链物流基地。

第三节

物流市场主体快速成长

党的十八大以来，我国物流营商环境不断优化，物流市场迸发出发展活力，在快递物流、电商物流、港口物流、冷链物流、家电物流、物流地产等领域形成一批龙头网络型物流企业，成为我国现代物流业发展的排头兵。

一、物流企业规模不断壮大

近年来，在我国物流业快速发展带动下，物流企业集中度显著提高，规模质量迈上新台阶。一大批传统运输、商贸、邮政等企业通过兼并重组、业务拓展、跨界整合等方式，发展成为专业或综合型第三方物流企业。中远海运、中国外运、中国邮政、中储股份等一批实力雄厚的国有物流企业通过深化改革、转型升级，市场竞争力逐步增强。一批民营物流企业顺应形势把握先机，在电商快递、家电物流、冷链物流、医药物流等细分领域异军突起，如顺丰速运、京东物流、菜鸟网络、海尔日日顺、德邦、中通、圆通、申通、韵达、荣庆物流、九州通物流、安吉物流、长久物流、湖南一力等，业务创新特色鲜明，一体化、智能化、网络化发展走在全行业前列。

据中国物流与采购联合会发布的《关于2019年度中国物流企业50强和民营物流企业50强排名的通告》，50强物流企业收入合计9 833亿元，同比增长16.9%。50强物流企业门槛提高到32.6亿元，比上年增加3亿元。其中，龙头物流企业发展增速明显高于全国平均水平，表明头部企业在网络化扩张过程中服务能力持续提升、资源整合能力不断增强，带动现代物流业整体规模化发展水平提升。

表3-2　2019年我国物流企业前10强　　单位：亿元

排名	企业名称	物流业务收入
1	中国远洋海运集团有限公司	2 212
2	厦门象屿股份有限公司	1 404
3	顺丰控股股份有限公司	897
4	中国外运股份有限公司	773
5	京东物流集团	392

续表

排名	企业名称	物流业务收入
6	中国物资储运集团有限公司	389
7	中铁物资集团有限公司	302
8	圆通速递股份有限公司	275
9	上汽安吉物流股份有限公司	251
10	德邦物流股份有限公司	230

数据来源：中国物流与采购联合会。

二、A级物流企业成为行业主力军

2005年以来，中国物流与采购联合会按照国家标准《物流企业分类与评估指标》（GB/T 19680—2013），开展A级物流企业评估工作。从评估数据看，党的十八大以来是我国A级物流企业成长最快的阶段。2019年，我国A级物流企业数量达到6 132家，与2012年相比接近翻两番，年均增速达到17.3%。A级物流企业尤其是5A级物流企业数量，已经成为衡量一个城市或区域物流发展水平的重要指标。从A级物流企业的结构看，3A级以上物流企业增幅最大，说明物流企业大型化、规模化趋势明显。

»专栏 3-9

5A级物流企业案例

中国外运。中国外运是招商局集团物流业务统一运营平台和统一品牌，为“A+H”股两地上市公司。主要业务包括专业物流、代理及相关业务、电子商务等三大板块，服务范围涉及海运、空运、国际快递、公路和铁路运输、船务代理、仓储及配送、码头服务等。中国外运是世界最大的海运代理服务商之一，年处理海运集装箱逾900万标箱，也是中国最大的无船承运人，能提供从中国各主要口岸到亚洲、欧洲、非洲、北美洲、南美洲和大洋洲等全球主要贸易国家和地区的全程物流运输服务；同时是国内最具竞争力的综合物流企业之一，能提供“门到门”的公路运输服务，网络覆盖全国。中国外运拥有丰富的集装箱场站资源，以及7座自营码头和其他参股码头，主要分布于东部沿海地区及沿江地区。作为国内最早开展集装箱场站业务的公司，中国外运拥有集装箱场站56个、散货堆场26个，总面积达289万平方米，大多分布于沿海沿江地区。中国外运拥有健全的空运服务网络，能为客户提供中国通往全球200多个国家和地区的“门到门”服务。

中国外运

京东物流。京东集团自2007年开始自建物流，2012年注册成立物流公司，2017年4月正式成立京东物流集团，拥有中小件、大件、冷链、B2B、跨境和众包（达达）六大物流网络。京东物流在全国运营超过730个物流中心，28座大型智能化物流中心“亚洲一号”，投用了全国首个第五代移动通信（5G）智能物流园区。包含云仓在内，京东物流运营管理的仓储总面积约为1 730万平方米。京东物流大件和中小件网络已实现中国大陆行政区县几乎100%覆盖，自营配送服务覆盖了全国99%的人口，90%以上的自营订单可以在24小时内送达，90%区县可以实现24小时送达。京东物流的跨境网络已覆盖全球200多个国家和地区、近千条国际线路、10余个跨境口岸和110多个海外仓，并在印尼和泰国等东南亚国家进行本地化仓配布局。

京东“亚洲一号”

在专业物流领域，中国物流与采购联合会按照国家标准《物流企业冷链服务要求与能力评估指标》（GB/T 31086—2014），开展了星级冷链物流企业评定。截至2019年底，共评选了8批共78家星级冷链物流企业，其中，五星级冷链物流企业19家，四星级冷链物流企业36家，三星级冷链物流企业21家，二星级冷链物流企业2家。五星级冷链物流企业囊括了顺丰速运、荣庆物流、双汇物流等冷链物流行业知名企业。

三、龙头物流企业主导能力增强

现代物流业具有明显的网络规模经济效应，综合竞争力强、参与国际市场竞争的龙头物流企业也普遍为网络型物流企业。党的十八大以来，在内需扩张、电商等新业态发展驱动下，物流企业整合趋势更加明显，龙头物流企业加速网络化扩张。其中，快递和电商物流企业网络化趋势最明显，已经形成了几大头部企业共同发展的格局；冷链物流、铁路物流、航运物流等领域龙头物流企业利用全国乃至全球服务网络，加快物流资源整合，实现网络化扩张；传统物流地产企业通过资产收购和业务扩张，加快在全国进行网络布局。

快递企业成长势头强劲，进入百花齐放的激烈竞争阶段，并形成“1+7”发展格局，其中，“1”是中国邮政速递物流，“7”是顺丰、京东、圆通、申通、韵达、中通、百世等民营快递企业。2019年，快递与包裹服务品牌集中度指数CR8为82.5。从快递业务单量看，多家快递企业已跻身全球前10位。在跨境电商、国际贸易的推动下，以中国邮政速递物流、顺丰为代表的龙头快递企业开始走向国际市场。

表3-3　2019年国内主要民营快递企业业务量及市场份额

快递企业	2019年快递业务量/亿件	占全国比重/%
顺丰快递	48.4	7.62
中通快递	121.2	19.08
韵达快递	100.3	15.79
圆通快递	91.2	14.36
百世快递	75.8	11.93
申通快递	73.7	11.60
合计	510.6	80.4

数据来源：国家邮政局。

»专栏 3-10

网络型物流企业——顺丰速运集团

顺丰控股是国内领先的快递物流综合服务企业，经过多年发展，已初步形成一体化综合物流服务能力，主要业务涉及时效快递、经济快递、同城配送、仓储服务、国际快递等多种服务，以零担为核心的快运服务，以及为生鲜、食品和医药领域的客户提供的冷链运输服务。2019年，顺丰快递完成业务量48.4亿件，实现营收1 121.93亿元人民币，业务收入首次跻身全球快递四强。

全球快递配送。截至2019年底，顺丰控股业务覆盖全国335个地级市、2 834个县区级城市。国际业务方面，国际标快、国际特惠业务覆盖美国、欧盟、俄罗斯、加拿大、日本、韩国、东盟、印度、巴西、墨西哥、智利等62个国家和地区，国际小包业务覆盖全球225个国家和地区。

全国中转分拨。截至2019年底，顺丰控股拥有9个枢纽级中转场，36个航空、铁路站点，129个片区中转场，其中60个中转场已投入使用全自动分拣系统。

航空物流。顺丰航空已成为国内全货机数量最多的货运航空公司，截至2019年底，顺丰控股共拥有58架自营全货机。顺丰航空共有147对时刻，覆盖全国40个大中城市及金奈、哈恩、德里、胡志明等国际站点。2019年顺丰航空发货量总计约135.3万吨，日均发货3 707吨。

陆运。截至2019年底，顺丰控股自营及外包干支线车辆合计约4.3万辆，开通干、支线合计约10万条，末端收派车辆合计约9万辆（不含摩托车和电动车），使用高铁运力161条、普列运力122条、特快班列6条，陆运网络遍布全国。与中铁快运合作，高铁极速达产品已覆盖63个城市，开通313个流向；高铁顺手寄产品覆盖34个城市；开通69个高铁车站和9个站外收寄点。

仓储。顺丰控股在全国拥有175个不同类型的仓库，面积近228万平方米，业务覆盖全国100多个重点城市，形成辐射全国的仓储服务网络。

“最后一公里”末端配送。截至2019年底，顺丰控股拥有近1.8万个自营网点，与3万个合作代办点及约600个物业管理公司网点展开合作，乡村拓展店4 328个，覆盖1.5万个乡镇。

顺丰速运

以仓储、运输、配送等单一业务为主的传统物流企业积极加快业务转型升级步伐，顺应网络化发展要求，不断拓展服务网络。铁路运输方面，国家铁路集团依托自身的路网优势，逐步成为全球最大的铁路物流网络化企业；水路运输方面，中远海运加快全球资源整合，成为覆盖全球主要港口的国际性航运物流企业；仓储方面，普洛斯、传化物流在国内分别构建起规模最大的仓储设施和公路港网络；海尔集团剥离物流业务成立的日日顺物流通过网络化布局，已成为家电、家具物流龙头企业；以大件和零担物流为特色的德邦物流、商品车物流为特色的长久物流、医药物流为特色的九州通物流、冷链物流为特色的荣庆物流等专业物流企业均实现了全国网络布局扩张发展，进一步强化了各自在细分物流领域的龙头地位。

专栏 3-11

物流企业网络化发展案例

传化物流。传化物流是国内最大的公路港运营企业，自2000年首创公路港模式以来，已自建形成了智能公路港全国网、仓运配一体化物流服务体系、支付和供应链金融服务体系，以及贯穿供应链全流程的智能信息系统，为企业降本增效提供各类物流供应链服务。传化物流构建的“智能公路港服务+物流服务+智能信息服务+金融服务”智能物流服务平台，成为我国公路港网络化发展的标杆模式。截至2019年底，传化物流开展业务公路港数量达到65个，经营面积368万平方米。2019年传化物流全国公路港入驻企业超过1.2万家，年车流量达到3 000多万辆，平台营业额达到491亿元，其中，13个公路港的物流交易额突破10亿元。

杭州传化公路港

长久物流。北京长久物流股份有限公司注册资本5.6亿元，是一家专业服务于汽车供应链的科技创新型汽车物流企业。业务涵盖整车物流、多式联运、仓储、国际物流、零部件物流、二手车物流、智慧物流平台等，并提供专业的物流规划、运输、仓储、配送等相关配套服务。长久物流在全国设有多家全资、控股子公司，业务网点40余处，业务网络遍布全国，形成以东北、华北、华东、华中、西北、华南、西南为基地的全国汽车物流资源网络布局。乘用车和商用车综合运输能力超300万辆，服务团队数千人，年产值近50亿元。公路运输方面，共133条主要对流线路、72条区域循环线路，自营运力2 400多台；在全球范围共设有54个仓储场地，其中国内47个，总面积282万平方米，布局全国25个省市，包括北京、上海、广州等一线城市以及天津、唐山、宁波、福州、东莞、重庆、武汉、芜湖等沿江沿海城市；国际基地7个，总面积100万平方米，分布在德国汉堡、杜伊斯堡、不来梅哈芬，意大利米兰，比利时根特，波兰华沙和坦桑尼亚马拉。长久物流已成为全国规模较大的商品汽车网络型物流服务企业。

长久物流

日日顺物流。青岛日日顺物流有限公司是居家大件物流领域的引领者，依托先进的管理理念和物流技术，整合全球一流网络资源，已建立起辐射全国的分布式三级云仓网络，拥有15大发运基地、136个智慧物流仓、6 000多个网点、3 300条干线班车线路、10 000余条区域配送线路、10万辆车、20万场景服务师，为客户和用户提供到村、入户送装服务，并在全国2 915个区县实现"按约送达，送装同步"。在大件物流智能化方面，日日顺物流先试先行，先后在山东青岛、浙江杭州、广东佛山等地建立了众多不同类型的智能仓。2020年6月，日日顺物流建立的大件物流首个智能无人仓在青岛启用，率先在行业集中应用全景智能扫描站、关节机器人、龙门拣选机器人等多项智能设备，采用视觉识别、智能控制算法等人工智能技术，可实现黑灯环境下24小时不间断作业。日日顺物流从用户最佳体验出发，针对行业内存在的问题点及痛点，从物流全流程仓、干、配、装、揽、鉴、修、访，创新性地定制全品类、全渠道、全流程、一体化的居家大件物流解决方案，打造用户与客户的最佳服务体验。

日日顺物流

第四节

国际物流稳步快速发展

习近平总书记提出的共建“一带一路”倡议，开启了我国国际物流发展的新篇章。中欧班列稳定开行，架起了亚欧经贸物流合作的新桥梁，成为内陆全面开放新格局的重要驱动力。21世纪海上丝绸之路沿线的港口物流基础设施持续改善，服务网络不断延伸，国际航运物流稳步发展。国际航空物流网络加速扩张，航空货运量快速增长，推动我国深度参与全球供应链合作，助力我国产业不断迈向全球价值链的中高端。

一、中欧班列成为丝绸之路经济带建设重要动力引擎

2011年，从我国重庆始发、终点到达德国杜伊斯堡的“渝

新欧”班列成功开行，打通了亚欧物流新通道，拉开中欧班列发展的序幕。共建“一带一路”倡议提出后，各地为加快融入丝绸之路经济带建设，纷纷借鉴“重庆模式”开行国际班列，“蓉欧”“郑新欧”“汉新欧”“长安号”“义新欧”“营满欧”“苏满欧”“齐鲁号”等国际班列迅速发展。2016年10月，推进“一带一路”建设工作领导小组办公室印发《中欧班列建设发展规划（2016—2020年）》，将各地开行的国际班列统一命名为“中欧班列”。中欧班列从产生到发展壮大再到模式创新、规则优化，已经成为我国内陆地区与沿线国家经贸合作的重要载体和推进抓手。根据推进“一带一路”建设工作领导小组办公室发布的数据，截至2019年底，我国中欧班列开行城市达到了62个，通达欧洲18个国家的57个城市，运行线路达到68条，累计开行超过2.1万列，其中2019年开行数量达到8 225列。西通道的阿拉山口、东通道的满洲里、中通道的二连浩特成为中欧班列出境的三大主要口岸，中欧班列辐射亚欧的纽带作用越来越凸显，已成为丝绸之路经济带建设的重要成果和国家品牌。

2013年，为降低中欧班列开行成本，提升中欧班列的综合竞争力，延伸中欧班列服务链和价值链，各班列开行城市纷纷拓展返程班列。在我国庞大内需市场驱动下，回程班列比重逐年上升。随着沿线国家铁路、口岸、海关等部门合作日趋密切，中欧班列低成本、高时效的优势逐步被市场认可，进出口货物品类不断拓展，从早期以电子产品为主，到如今我国生产的小商品、服装鞋帽等轻工产品通过中欧班列远销欧洲市场，西班牙的生鲜食品、白俄罗斯的牛肉、法国红酒等消费品通过中欧班列送达中国百姓餐桌，欧洲的高档汽车、奢侈品、化妆品也借助中欧班列扩大中国市场份额，中欧班列在促进我国与沿线国家经贸往来中的价值不断提升。

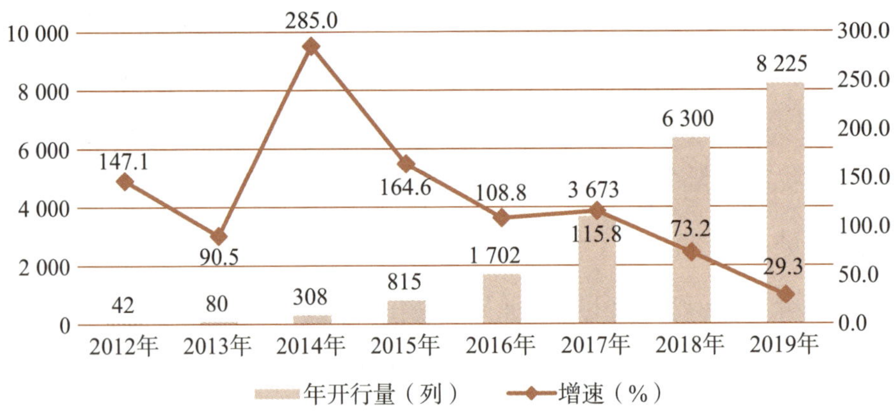

图3-6 2012—2019年中欧班列开行数量

数据来源：中国一带一路网。

在应对新冠肺炎疫情期间，国际航空运输航班大幅较少、国际海运周期延长，而中欧班列凭借庞大的运能、可靠的时效实现逆势增长。2020年第一季度，中欧班列去程开行1 049列，同比增长24%，全行业复工率接近100%。欧洲急需的医用无纺布、医用口罩、防护服等防疫物资，以及我国需要的汽车配件、电子产品和通信光纤等复工复产物资成为中欧班列主要新增货源。中欧班列在应对疫情期间的平稳运行不仅有效解决了相关国家防疫物资紧缺的燃眉之急，也为我国稳外贸、助力企业全面复工复产提供了有力支撑，对稳定国际产业链供应链、保障抗疫物资运输发挥了重要作用。

》专栏 3-12

中欧班列案例

中欧班列（渝新欧）。2011年3月，重庆市为扶持壮大本地电子信息产业，将电子产品更快地运抵欧洲市场，首次开行了重庆至德国杜伊斯堡国际班列，拉开了“渝新欧”和中欧班列序幕。2017年3月23日，中欧班列（重庆）开行6年后突破1 000列，成为我国首个突破千列的中欧班列。2019年中欧班列（重庆）全年开行重箱折算列超1 500班，货值超过500亿元，综合重箱率达到94%，增幅24%。正如习近平总书记所说，“一带一路”建设为重庆提供了“走出去”的更大平台，从开行时间、开行质量、与本地产业融合度等多角度看，中欧班列（重庆）的开行已成为重庆“走出去”的重要平台。

中欧班列（长安号）。中欧班列（西安）是陕西、西安践行共建“一带一路”倡议，打造“丝绸之路经济带”

新起点和陕西省发展“流动经济、门户经济和枢纽经济”的重要抓手。自2013年开行以来，中欧班列（西安）已直达德国、波兰、俄罗斯、哈萨克斯坦和芬兰等12个国家，覆盖丝绸之路经济带沿线44个国家和地区，在不断探索高质量发展、贯通陆路贸易通道、推动欧亚大陆的经济整合中，成为全国中欧班列中覆盖范围广、开放程度高的精品班列。2019年中欧班列（西安）开行数量达到创纪录的2 100多列，位居全国前列。

中欧班列（义新欧）。中欧班列（义乌）是浙江义乌参与共建“一带一路”倡议的标志性工程。自2014年11月首次开行以来，中欧班列（义乌）发展势头迅猛，辐射范围快速扩大，货物品类逐步拓展，开行质量大幅提高，先后开通西班牙、捷克、英国、拉脱维亚、俄罗斯、白俄罗斯、中亚、阿富汗、法国、比利时、立陶宛等方向的运行线路，沿线设立4个分支机构、5个物流分拨点。境内集聚浙江、上海、安徽、江苏等8省（市）近2 000种中国制造商品，境外辐射43个国家和地区。2019年开行500多列，发运量超过42 000标箱，运输货值近23亿美元。2020年应对新冠肺炎疫情期间，中欧班列（义乌）全国首发“中国邮政号”班列和首趟国际合作防疫物资专列。

二、全球航运物流网络支撑贸易大国向贸易强国升级

我国远洋航运已与世界100多个国家600多个港口实现通航，拥有国际海运航线100多条，不仅开辟了国内沿海至日本、韩国、中国香港、东南亚的航线，还打通了至美洲、欧洲、地中海、波斯湾、澳新、非洲等航线，将我国沿海港口与亚、非、欧、美及大洋洲国家和地区紧密联系在一起，成为我国对外贸易物流的主要方式和重要保障。

表3-4　我国主要国际海运主航线

	主航线
北行航线	中国－东北亚航线 中国－俄罗斯远东航线
南行航线	中国－东南亚航线 中国－澳新航线 中国－南太平洋航线
东行航线	中国－北美（东、西海岸）航线 中国－中南美（东、西海岸）航线
西行航线	中国－南亚航线 中国－波斯湾航线 中国－红海航线 中国－地中海（南岸、东岸、北岸）航线 中国－非洲（东非、南非、西非）航线 中国－欧洲（西欧、北欧）航线

国际航运在支撑我国国民经济持续健康发展、促进外向型经济

高质量发展中发挥着重要作用。近年来，面临中美贸易摩擦、全球经济增速放缓、全球贸易保护主义抬头等不利影响，我国国际海运业务依然实现了八连增。2019年全国港口完成外贸货物吞吐量43.2亿吨，既有力支撑我国作为最大货物贸易国的地位，又促进航运要素不断向我国航运中心聚集，有效改善港口物流生态，增强以航运为中心的供应链服务功能，为延伸我国贸易产业链、价值链，提高国际贸易竞争力提供有力支撑。

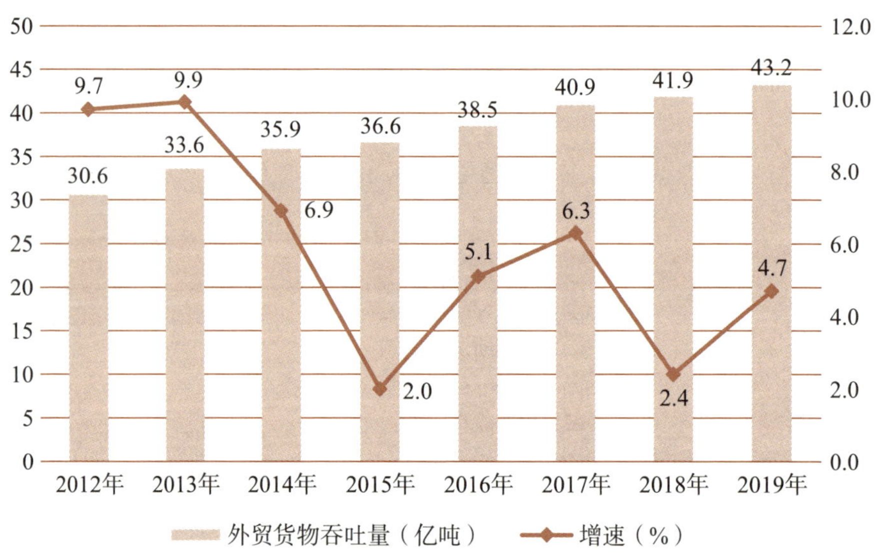

图3–7 2012—2019年全国港口完成外贸货物吞吐量

数据来源：交通运输部。

同时，我国企业以市场为导向积极“走出去”参与全球港口投资建设运营并取得积极成效，有力推动“一带一路”国际港航合作。近年来，以中远海运为代表的企业积极加大国际航运资源整合力度，基本构建起覆盖全球的港口航运网络。截至2019年底，中远海运在全球投资码头超过50个，集装箱码头年吞吐能力1.3亿标箱（TEU），居世界第一。以中远海运、中国交建、中国港务工程、中国港湾、招商国际等为代表的企业广泛参与国际合作，成为21世纪海上丝绸之路建设的重要成果。

三、国际航空物流网络建设拓展我国产业价值链空间

航空货运以快速灵活的经济技术优势成为国际物流的重要运作方式。党的十八大以来，我国国际航空物流加速发展，初步形成以上海、北京、广州、深圳机场为核心枢纽，杭州、郑州、南京等为区域枢纽的国际航空货运服务体系，构建起联通全球主要国家和地区的国际航线网络。特别是湖北鄂州专业性货运枢纽机场开工建设，标志着我国航空物流发展进入新的历史阶段。近年来，我国与美国、澳大利亚、新西兰、印度以及东盟等国家和地区实现货运航权开放，并不断扩大与韩国、日本等重要市场的货运航权安排。2019年，我国国际货运通航全球75个国家，国际航线达到865条，较2012年增长超过一倍，全球航空运输网络覆盖率明显提升。较为发达的航空物流网络为我国电子信息产业、跨境电商发展和消费升级奠定了坚实基础，对推动国际航空物流与国际贸易、高端制造业联动发展具

有重要作用。

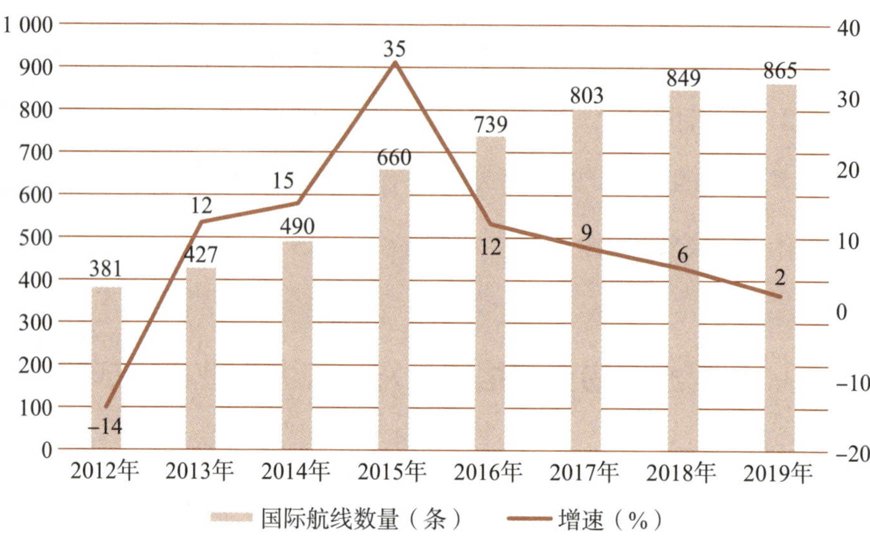

图3-8 2012—2019年我国国际航线开行数量

数据来源：中国民航局。

》专栏 3-13

国际航空物流案例：郑州—卢森堡“空中丝绸之路”

2014年，河南民航发展投资有限公司收购卢森堡国际货运航空公司（简称卢货航）35%股权，成功架起郑州—卢森堡“空中丝绸之路”。经过5年多建设，卢货航在郑航班量由最初的每周2班加密至18班，通航点由3个增加至17个，航线覆盖欧洲、美洲和亚洲24个国家100多个城市，累计为郑州机场贡献国际货运量将近50万吨，经济效益不断提升。货运种类也由单一传统轻工业品，发展到高精尖的精密仪器、活体动物等10余大类200多个品种，累计国际货运量、国际货运航线数、航班数量、国际通航点等主要指标稳居郑州机场首位，带动郑州机场货邮吞吐量跻身全球50强。

航空物流运输货物的高附加值、强时效性，决定了所服务的产业在全球供应链分工合作中居于价值链中高端。“十三五”以来，我国国际航空货运量增长迅速，国际货邮运输量年均增长6.7%，高于我国航空货运量增速和外贸进出口增速。2019年，国际货邮运输量242万吨，占航空货运总量的32%，航空物流进入规模经济起步发展阶段。国际航空货运量快速增长，促进航空物流成本下降和效率提升，为我国利用航空物流支持外向型经济发展更大规模参与全球价值链分工创造了良好条件，有利于提高相关产业价值创造能力。

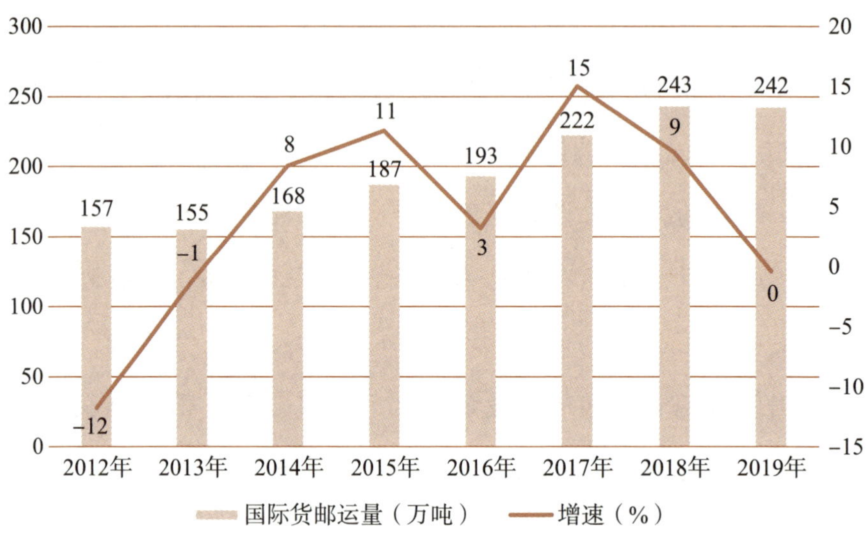

图3–9　2012—2019年我国国际航线货邮运输量

数据来源：中国民航局。

第五节

物流技术进步突飞猛进

党的十八大以来，我国现代物流业快速融入新一轮信息技术革命、数字经济发展浪潮，物流技术装备水平明显提升，物流信息平台服务功能不断拓展，催生平台经济大发展；智能化、自动化、无人化物流技术装备广泛应用，显著提升物流效率，支撑电商等产业规模扩张；“一单制”加快推广、即时配送等各类物流新业态快速壮大，科技赋能下的车联网、物流供需撮合、无车承运人等物流新业态、新产业不断涌现，彰显现代物流业发展活力。

一、信息化带动物流运作效率全面提高

我国90%以上的物流企业拥有管理信息系统，大部分物流园区

拥有物流信息平台或车货匹配平台，对提高物流运作效率、降低物流成本发挥了重要作用。2016年，经国务院同意，国家发展改革委印发《“互联网+”高效物流实施意见》（发改经贸〔2016〕1647号），加速了我国现代物流业信息化发展步伐。国家发展改革委、商务部联合发布的10家国家智能化仓储物流示范基地，信息化及设备投资占比均值达到25%以上。快递等领域信息化更是走在现代物流业前列，各大龙头快递企业基本普及电子面单，实现快递包裹实时跟踪查询。

得益于互联网技术进步和信息技术普及，物流信息平台通过整合物流上下游企业，统一物流信息标准和数据接口，有效串接物流信息供需方，并通过物流资源整合、物流信息匹配，提升物流运作效率。国家发展改革委、交通运输部、中央网信办2017年组织开展了骨干物流信息平台试点工作，确定了传化智能物流信息平台等28家首批骨干物流信息平台试点单位，对提高现代物流业现代化、组织化、智能化水平发挥了积极作用。

二、技术装备迭代更新助推物流现代化

近年来，物流技术装备迭代升级加速，推动运输结构优化调整，提高多式联运效率。公路方面，新能源运输装备普及力度加大，为发展绿色货运、减少环境污染创造了有利条件。航空方面，

截至2019年底，全行业共有全货机173架，顺丰航空、中国邮政、国航货运、东航货运、南航货运成为我国航空货运机队的主力军。水运方面，船舶大型化趋势明显，我国船队拥有30万吨级原油船、40万吨级铁矿石运输船舶、2.2万TEU集装箱船、17.5万立方米仓容的LNG船舶等大型船舶，为我国参与全球航运市场竞争形成良好支撑。

在仓储领域，自动化或半自动化输送分拣系统逐渐成为主要发展方向，分拣机械臂、分拣机器人、自动导引车（AGV）等创新技术与物流数据系统不断融合创新，推进现代物流仓储服务向柔性化、模块化、智能化方向发展。电商、快递、医药、烟草、邮政等领域仓储分拣基本实现自动化，大型仓配中心的日分拣能力已超过1 000万件。城市“最后一公里”的无人配送车、智能快递柜，智慧车联网系统、货物追踪追溯系统、配送手持终端等订单自动处理设备加快普及，显著提升终端物流配送效率。

标准化是提高物流衔接效率、实现规模化运作的重要基础。围绕运输、仓储、装卸搬运、物流信息等领域，相关部委先后出台《关于加快推进商贸物流标准化工作的意见》《关于推广标准托盘发展单元化物流的意见》等，大力推动物流标准化工作。同时，组织开展一系列物流标准化试点示范工作，推广1 200mm×1 000mm标准托盘、600mm×400mm包装基础模数，加大外廓尺寸为2 550mm（冷藏货运车辆外廓2 600mm）的物流运输车辆、长江水系过闸运输船舶标准船型普及力度，有力促进了我国现代物流业运作效率提升。

三、新业态新模式成为物流发展新亮点

为促进多式联运发展，2016年，国务院印发《营造良好市场环境推动交通物流融合发展实施方案》（国办发〔2016〕43号），明确提出推行物流全程“一单制”。铁路方面，实行“一口报价、一种票据、一次核收”，加快推进集装箱运输改革，打通公铁、海铁联运链条，基本实现铁水、公铁联运无缝衔接，显著提高我国多式联运效率。国际物流方面，统一中欧班列品牌，进一步完善国际集装箱班列境外经营网络、优化国际集装箱班列运输组织，打通全球海运集装箱循环网络。以公铁联运为核心的单证票据通用化、标准化广泛应用，不同运输方式间的电子数据交换顺畅。“一单制”通过提供“门到门”的全程物流服务，为客户企业带来巨大便利，并为供应链金融等物流增值服务拓展带来新空间。

同时，数字经济快速发展，催生了物流新需求。为适应外卖、O2O等新经济发展，满足消费者对同城快速送达需求，即时配送等新业态加速兴起。中国物流与采购联合会发布的《2019中国即时配送行业发展报告》显示，达达、闪送、饿了么、美团等企业快速成长为行业领头羊，多家企业日配送量超过1 000万单。

在新兴技术带动下，从事运输、仓储、配送等业务的传统物流企业纷纷开展智能化、自动化、信息化改造升级，不断提升物流运作效率、扩大业务领域。菜鸟网络通过搭建物流网络服务平台，为快递企

业提供数字化、智能化服务，带动快递企业转型升级。中储智运、传化智联依托全国物流基础设施网络，打造了专业化的物流信息服务平台。一批科技型物流企业加速成长，成为现代物流业的独角兽。在物流信息撮合、车货匹配、车联网等方面，一批企业快速发展，成长为行业领军企业。物流科技企业的加速成长，为我国传统运输企业加快转型升级注入了新的活力。

» 专栏 3-14

物流新业态企业案例

菜鸟网络。菜鸟网络科技有限公司由阿里巴巴集团联合多家投资集团、快递企业共同组建。菜鸟网络致力于打造一个数据驱动、技术创新的物流平台，专注于搭建四通八达的物流网络，打通物流骨干网和毛细血管，成立以来已逐步涉及消费者物流、国内和国际供应链服务、基础设施建设和运营、物流技术等业务领域，研发推广物流技术，推动行业向“数智化发展”。通过技术创新和高效协同，菜鸟网络与合作企业一起促进物流降本增效，提升消费者的物流体验，为制造业创造更大利润空间，实现“全国24小时、全球72小时必达”的使命。2019年平台提供的技术服务支撑快递包裹超过300亿件。

菜鸟无人仓库

满帮集团。满帮集团由江苏运满满、贵阳货车帮两家公司合并组成，主要通过大数据与人工智能降低货车司机的空驶率、提高货运效率，打造连接人、车、货三个维度的数据平台。为用户提供准确便捷的信息交互平台服务，通过覆盖车、油、ETC、新车、金融、保险、园区等服务领域，为货车司机提供一站式服务。2019年满帮集团认证司机用户900万，认证货主用户400万，业务覆盖全国339个主要城市，覆盖线路数量超过11万条。

汇通天下。北京汇通天下物联科技有限公司（G7）是以物联网技术构建平台，将货主、运力、安全管理、装备运营、能源消费等公路货运全链条有机整合，旨在让公路货运更安全、更高效、更低成本。公司业务覆盖全国及周边亚洲国家。截至2020年4月底，G7物联网平台连接的货运卡车超过150万台，日均跟踪货车行驶里程超过1.3亿公里，油气站点连接超过10 000个，客户类型覆盖快递、快运、城市配送、专业运输、合同物流等物流全领域。

第六节

物流政策环境明显改善

现代物流业政策规划制定和运行管理涉及多部门职能，依靠单一政府部门难以实施高效管理。2005年，国务院批准成立由国家发展改革委牵头的全国现代物流工作部际联席会议机制，目前成员单位包括工业和信息化部、公安部、财政部、自然资源部、住房城乡建设部、交通运输部、商务部、海关总署、税务总局、市场监管总局、铁路局、民航局、邮政局、标准委以及国家铁路集团、中国物流与采购联合会、中国交通运输协会等部门和单位，在统筹加强政策协调、推动现代物流业发展方面发挥了重要作用。同时，相关部门结合职能出台实施了一系列政策规划，为现代物流业营造了良好环境。

一、发展规划引领行业发展新格局

2014年，国务院印发《物流业发展中长期规划（2014—2020年）》（国发〔2014〕42号），这是继2009年《物流业调整和振兴规划》（国发〔2009〕8号）后，现代物流业领域的重要顶层规划，成为指导“十三五”时期现代物流业发展的纲领性文件。同时，国家发展改革委、商务部、交通运输部以及邮政局、民航局等部门分别印发了《粮食物流业“十三五”发展规划》《商贸物流发展“十三五”规划》《综合运输服务“十三五”发展规划》《快递业发展“十三五”规划》等专项规划，指导相关专业物流领域健康有序发展。国家发展改革委、交通运输部印发《国家物流枢纽布局和建设规划》，统筹加强顶层设计，推动构建物流基础设施网络，为促进现代物流业高质量发展奠定坚实基础。

表3–5　近年来国务院及相关部门出台的促进现代物流业发展相关规划

序号	发布时间	文件名称	主要内容
1	2014年9月	国务院《物流业发展中长期规划（2014—2020年）》	发展重点：着力降低物流成本，着力提升物流企业规模化、集约化水平，着力加强物流基础设施网络建设 主要任务：大力提升物流社会化、专业化水平，进一步加强物流信息化建设，推进物流技术装备现代化，加强物流标准化建设，推进区域物

续表

序号	发布时间	文件名称	主要内容
1	2014年9月	国务院《物流业发展中长期规划（2014—2020年）》	流协调发展，积极推动国际物流发展，大力发展绿色物流 重点工程：多式联运工程、物流园区工程、农产品物流工程、制造业物流与供应链管理工程、资源型产品物流工程、城乡物流配送工程、电子商务物流工程、物流标准化工程、物流信息平台工程、物流新技术开发应用工程、再生资源回收物流工程、应急物流工程
2	2016年7月	交通运输部《综合运输服务“十三五”发展规划》	主要任务：建设统一开放的综合运输市场体系，提升综合运输通道服务效能，提升综合运输枢纽服务品质，构建便捷舒适的旅客运输系统，构建集约高效的货运物流体系，发展先进适用的运输装备技术，促进开放共赢的国际运输发展，加强运输从业人员职业化建设，深化运输安全保障能力建设，推动“互联网+”与运输服务融合发展，促进运输服务与相关产业联动发展
3	2016年12月	邮政局《快递业发展“十三五”规划》	主要任务：壮大市场主体，打造快递航母；强化服务能力，加快普惠发展；深化“互联网+”快递，推进创新发展；拓展海外市场，加速国际化发展；加强寄递渠道综合治理，保障安全发展；加快信用建设，推进诚信发展；高效利用资源，推动绿色发展
4	2017年1月	商务部、国家发展改革委等《商贸物流发展“十三五”规划》	主要任务：构建多层次商贸物流网络，加强商贸物流基础设施建设，加强商贸物流标准化建设，加强商贸物流信息化建设，推动商贸物流集约化发展，推动商贸物流专业化发展，推动商贸物流国际化发展，促进商贸物流绿色化转型，建设商贸物流信用体系 重点工程：城乡物流网络建设工程、商贸物流标准化工程、商贸物流平台建设工程、商贸物流园区功能提升工程、电子商务物流工程、商贸物流创新发展工程、商贸物流绿色发展工程

续表

序号	发布时间	文件名称	主要内容
5	2017年3月	国家发展改革委、国家粮食局《粮食物流业“十三五”发展规划》	主要任务：完善现有八大通道建设，打造“两横、六纵”重点线路，布局粮食物流进出口通道，提升区域粮食物流水平，推广应用新技术新装备，完善粮食物流标准体系，大力促进物流与信息化融合
6	2018年12月	国家发展改革委、交通运输部《国家物流枢纽布局和建设规划》	主要任务：合理布局国家物流枢纽，优化基础设施供给结构；整合优化物流枢纽资源，提高物流组织效率；构建国家物流枢纽网络体系，提升物流运行质量；推动国家物流枢纽全面创新，培育物流发展新动能；加强政策支持保障，营造良好发展环境

二、政策牵引促进行业高质量发展

现代物流业是支撑国民经济平稳运行、高效发展的重要基础，随着我国经济进入高质量发展期，现代物流业的基础性、战略性、先导性地位更加凸显。近年来，按照党中央、国务院有关决策部署，相关部门围绕现代物流业发展、降低物流成本、物流基础设施建设以及运输配送、智慧物流、快递、多式联运、国际物流、航空物流、冷链物流、应急物流等重点领域，针对企业反映集中、社会广泛关注的重点、难点问题，出台实施了一系列政策措施，着力推动解决制约现代物流业高质量发展的突出障碍，提升企业政策获得感。

表3-6 近年来促进现代物流业高质量发展政策

序号	重点领域	文件名称
1	现代物流业发展	《关于推动物流高质量发展促进形成强大国内市场的意见》《关于推动物流服务质量提升工作的指导意见》《关于开展现代物流创新发展城市试点工作的通知》《营造良好市场环境推动交通物流融合发展实施方案》《推进物流大通道建设行动计划（2016—2020年）》
2	物流降本增效	《物流业降本增效专项行动方案（2016—2018年）》《关于进一步推进物流降本增效促进实体经济发展的意见》《关于进一步降低物流成本的实施意见》
3	物流基础设施建设	《国家物流枢纽布局和建设规划》《关于物流企业承租用于大宗商品仓储设施的土地城镇土地使用税优惠政策的通知》《关于推进乡镇运输服务站建设加快完善农村物流网络节点体系的意见》
4	运输配送	《关于组织开展城市绿色货运配送示范工程的通知》《关于加快道路货运行业转型升级促进高质量发展的意见》《关于进一步落实城乡高效配送专项行动有关工作的通知》《城乡高效配送专项行动计划（2017—2020年）》
5	智慧物流	《“互联网+”高效物流实施意见》
6	快递物流	《快递业绿色包装指南（试行）》《关于支持民营快递企业发展的指导意见》《关于协同推进快递业绿色包装工作的指导意见》
7	多式联运	《深入推进长江经济带多式联运发展三年行动计划》
8	国际物流	《中欧班列建设发展规划(2016—2020年)》《关于推进邮政业服务“一带一路”建设的指导意见》
9	航空物流	《新时代民航强国建设行动纲要》《关于促进航空物流业发展的指导意见》
10	冷链物流	《关于加快发展冷链物流保障食品安全促进消费升级的意见》《关于开展首批国家骨干冷链物流基地建设工作的通知》
11	应急物流	《交通运输综合应急预案》

三、高质量发展支撑体系持续改善

社会物流统计是推动现代物流业高质量发展的重要基础性工作。在相关部门和行业协会的共同努力下，社会物流统计调查制度基本成型，通过统计核算能够及时、全面、准确反映物流活动的规模、结构、发展水平、比例关系以及对国民经济影响程度，对监测、分析现代物流业运行状况，及时调整完善相关政策和现代物流业发展规划等具有重要意义。2019年，国家发展改革委印发《关于进一步加强社会物流统计工作的通知》（发改运行〔2019〕758号），对社会物流统计调查制度进行了修订完善，为促进现代物流业发展提供了更加有利的条件。在此基础上，中国物流采购与联合会、中国物流信息中心研究编制并定期发布采购经理指数（PMI）、物流业景气指数、快递物流指数、公路物流运价指数、电商物流指数、仓储指数等，为加强相关物流领域运行情况监测提供了科学依据。其中，采购经理指数（PMI）已成为我国宏观经济运行的“风向标”。

信用体系建设是现代物流业规范化发展的重要基石。为加强物流信用体系建设，优化现代物流业市场环境，2014年11月，国家发展改革委、交通运输部等7部门印发《关于我国物流业信用体系建设的指导意见》（发改运行〔2014〕2613号），拉开了物流信用体系建设的序幕。在此基础上，国家发展改革委与相关部门签署《关于对运输物流行业严重违法失信市场主体及其有关人员实施联合惩戒的合作备忘录》（发改运行〔2017〕1553号），进一步推动完善物流信用体系建设的政策环境，包括联合奖惩、信用成果应用、信用监测评价以及行业组织联动等机制不断完善。物流信用体系建设为现代物流业平稳、健康、有序发展保驾护航，也为我国物流市场公平、公开、透明竞争营造了良好氛围。

第四章

“十四五”时期我国现代物流业发展面临的形势

“十四五”时期，我国仍将处在转变发展方式、优化经济结构、转换增长动力的关键时期，人民群众对美好生活的期盼不断提高，统筹经济增长、政治稳定、社会和谐、文化繁荣和生态文明的任务依然艰巨，外部环境更加复杂，不确定性和风险挑战进一步增多，这些都对我国现代物流业发展提出新的更高要求，也带来了新的发展机遇。

第一节

适应复杂多变的国际经贸环境

习近平总书记指出，当前，我国处于近代以来最好的发展时期，世界处于百年未有之大变局，两者同步交织、相互激荡[1]。变局蕴含机遇与挑战，面对复杂多变的国际经贸环境，要牢牢把握和平、发展、合作、共赢的时代潮流，积极推动现代物流业高质量发展，主动参与和推进全球供应链体系重构，为构建全面开放新格局、妥善应对国际贸易保护主义、提升国际市场竞争力奠定更加坚实的基础。

[1] 在中央外事工作会议上的讲话（2018年6月22-23日），《人民日报》2018年6月24日。

一、全面开放新格局加快形成

习近平总书记指出，中国开放的大门不会关闭，只会越开越大[1]。“十四五”时期，现代物流业要进一步围绕共建“一带一路”倡议、建设自由贸易试验区和自由贸易港、打造内陆开放型经济高地等重大部署，积极参与并引领推动形成陆海内外联动、东西双向互济的全面开放新格局。

共建“一带一路”倡议提出以来，得到越来越多国家和国际组织积极响应，“六廊六路多国多港”的互联互通架构基本形成，一大批合作项目落地生根。截至2019年底，我国已与130多个国家和数十个国际组织签署近200份“一带一路”合作文件。以中欧班列为代表的国际物流模式成为共建“一带一路”倡议的重要成果，发挥了重要的支撑和纽带作用。随着共建“一带一路”倡议从谋篇布局的“大写意”转入精耕细作的“工笔画”，中欧班列等国际物流模式也需要加快向高质量发展转变，进一步突出重点，精准发力，为共建“一带一路”提供更加有力的支撑。

内陆开放型经济高地建设有利于扩大对内对外开放水平，促进国际国内要素有序自由流动，激发各种要素活力，增强地区经

[1] 在博鳌亚洲论坛2018年年会开幕式上的主旨演讲（2018年4月10日），《人民日报》2018年4月11日。

济发展内生动力。我国开放格局正由沿海走向内陆，加快形成拉动经济并带动周边区域发展的增长引擎。在中欧班列、航空物流等有力支持下，内陆开放型经济高地建设经过多年耕耘已取得明显成效，未来现代物流业要更好适应共建“一带一路”转入精耕细作“工笔画”的新形势，更好支撑和促进内陆开放型经济高地建设。

自由贸易试验区是我国进一步融入经济全球化、提升我国全球经济治理能力的重要载体。经过六年布局，18个自贸试验区的空间结构基本成型，有效覆盖沿海沿边沿江等重点区域，正成为贸易投资便利、高端产业集聚、金融服务完善、监管安全高效、辐射带动作用突出的高质量园区。党的十九大报告指出，要赋予自由贸易试验区更大改革自主权，探索建设自由贸易港。2020年6月，中共中央、国务院对外公布《海南自由贸易港建设总体方案》，海南自由贸易港建设进入实施阶段。“十四五”时期，现代物流业要更好服务和支持自贸试验区、自由贸易港发挥新一轮高水平对外开放重要平台作用，为推动区域协同开放、维护全球自由贸易和全球供应链稳定注入新的动力。

二、全球供应链体系面临重构

新冠肺炎疫情对世界经济复苏进程造成重大影响。在统筹疫情防控和复工复产工作推进下，我国经济运行秩序逐渐重回正轨，但全球疫情形势仍不容乐观，美国、欧洲等主要经济体疫情尚未得到有效控制，各国经济活动停滞带来全球供应链受阻甚至中断风险，全球市场需求恢复前景仍不明朗，处于缓慢复苏状态。国际贸易严重萎缩，以原油为代表的大宗商品价格持续低迷，世界贸易组织预测2020年全球贸易将缩水13%～32%。多年来，日益深化的国际分工极大地提高了各国家的生产效率和经济发展水平，使全球产业链上各个节点国家深度融合、相互依赖。受新冠肺炎疫情影响，各国供应链安全意识凸显，美国、欧洲、日本等经济体提出鼓励制造业回流，以期实现对经济的自给自足和自主可控。

从长期来看，基于比较优势的国际产业分工格局并没有发生根本改变，追求供应链跨国高效运行仍是提升国际竞争力的根本要求，但短期内新冠肺炎疫情造成全球产业链、供应链暂时中断，经济全球化进程可能遭遇更大的挫折，对我国在全球产业链分工体系中的地位形成挑战。从总体上看，我国制造业的生产能力在新冠肺炎疫情冲击下没有受到破坏，庞大的消费市场、稳定的营商环境、高素质的劳动人口等优势，其他国家短期内难以替代，我国在全球供应链体系中的地位是有保障的。特别是我国分级分区精准抓好疫情防控，有序推动国内产业链各环节协同复工复产，在推动全球供应链恢复增长与安全稳定中发挥了重要作用。对此，要继续保持战略定力，积极参与全球供应链体系重构，推动高水平对外开放，充分发挥我国比较优势和良好条件，巩固和提升我国在全球供应链、产业链、价值链体系中的地位。

三、国际经贸合作格局加速调整

现代物流业特别是国际物流与国际贸易息息相关。近年来，贸易保护主义、单边主义频频抬头，特别是美国不断挑起国际经贸摩擦，全球贸易格局加速调整，对“十四五”时期国际物流发展提出新的要求。

在对外贸易方面，受中美经贸摩擦等因素影响，我国出口结构调整加速。2019年，我国对美国进出口3.7万亿元，同比下降10.7%；对欧盟进出口4.9万亿元，对东盟进出口4.4万亿元，分别同比增长8.0%和14.1%。我国与“一带一路”沿线国家贸易发展势头良好，合作潜力不断释放，2019年对“一带一路”沿线国家进出口9.3万亿元，同比增长10.8%，高于进出口总体增速7.4个百分点，占进出口总额的29.4%。同时，传统产业出口增速趋缓，2019年，纺织品、服装、鞋类、箱包、玩具、家具、塑料制品等劳动密集型产品合计出口3.3万亿元，同比增长6.1%。高质量、高技术、高附加值产品出口快速增长，太阳能电池、半导体器件、集成电路、金属加工机床、汽车整车等产品出口分别同比增长47.4%、24.2%、26.8%、14.8%和8.2%。跨境电子商务、市场采购贸易等加快发展，其中跨境电商进出口1 862.1亿元，同比增长38.3%；市场采购贸易进出口5 629.5亿元，同比增长19.7%，外贸竞争新优势正在加快孕育。这要求国际物流在“十四五”时期及时作出调整，更好适应对外贸易地理方向、货物出口结构、贸易方式等的变化。

在区域经济合作方面，我国已初步形成包括周边国家和地区、涵盖部分“一带一路”沿线国家以及辐射四大洲重要国家的自由贸易区网络。截至2020年6月，我国已经签订自由贸易区17个，区域全面经济伙伴关系协定（RCEP）已完成谈判，中日韩自贸区等多个自贸区正在谈判和研究。自贸区建设有利于密切区域内供应链体系、生产网络体系，降低贸易投资成本和贸易投资壁垒，提升贸易投资自由化便利化程度，为我国贸易强国建设注入新动力，共同促进亚太区域经济一体化发展。

第二节

把握经济高质量发展的时代要求

党的十九大报告指出，现阶段我国经济发展的基本特征就是由高速增长阶段转向高质量发展阶段。推动高质量发展是保持经济持续健康发展的必然要求，也是适应我国社会主要矛盾变化和全面建成小康社会、全面建设社会主义现代化国家的必然要求。“十四五”时期，现代物流业必须坚持质量第一、效益优先，按照推动经济发展质量变革、效率变革、动力变革的总体要求，把握现代产业体系建设关键期、强大国内市场培育加速期、区域经济协调发展提升期、现代供应链体系构建闯关期等重大战略机遇期，为实体经济发展奠定更加坚实的基础，推动我国经济高质量发展取得新进展。

一、现代产业体系建设进入关键期

我国经济正处在转变发展方式、优化经济结构、转换增长动力的攻关期，要提高全要素生产率，着力加快建设实体经济、科技创新、现代金融、人力资源协同发展的现代产业体系，这需要现代物流业提供更加坚实的支撑保障。

我国产业规模庞大、结构完整，是全球唯一拥有联合国产业分类中全部工业门类的国家，但产业发展长期位于产业链的中低端。在新一轮科技革命和产业变革带动下，新技术、新业态、新商业模式不断涌现，世界各国产业结构调整力度前所未有。近年来，我国技术密集型制造业和现代服务业比例持续提升，对产业结构升级的引领作用不断增强。其中，高技术制造业、装备制造业成为产业结构调整的重要引领力量，规模比重不断攀升；战略新兴服务业、高技术服务业等蓬勃壮大，信息传输、软件和信息技术服务业增加值比重不断提升，我国产业体系由中低端向中高端加速迈进。

生产要素供给从数量规模型向质量效率型转变。低成本的劳动力优势逐步弱化，高素质的技术人才和科技人才队伍逐步扩大。我国劳动力供给总量2015年达到约7.8亿人，之后逐年下降，但其中普通高校毕业人数逐年递增，2018年达到约253万人，比2010年增加近30%。中等职业教育成为培育技术技能人员的重要方式，在加工制造、高速铁路、城市轨道交通运输、电子商务、现代物流等快速发展的行业中，新增技术人员约70%来自职业学校。科技创新成为驱动经济发展重要动能。2019年，全社会研发支出达2.2万亿元，占GDP比重约为2.2%，科技进步贡献率达到59.5%，创新指数居世界第14位，研发人员总量约450万人年，居世界第一，发明专利申请量和授权量居世界首位，整体创新能力大幅提升。金融服务实体经济的质量和规模不断提升。资金结构优化和配置效率提升成为新的方向，正在围绕建设现代化经济的产业体系、市场体系、区域发展体系、绿色发展体系等要求，加快构建风险投资、银行信贷、债券市场、股票市场等全方位、多层次金融支持服务体系。

从市场主体看，国有经济的发展活力、竞争力得到极大提升，国有企业在载人航天、探月工程、深海探测、高速铁路、特高压输变电等领域取得一批具有世界先进水平的重大科技创新成果，并与市场经济进一步深度融合，以建立健全产权清晰、权责明确、政企分开、管理科学的现代企业制度为方向深化改革，治理结构更加完善。民营经济等非公有制经济由小到大、由弱到强，已成为推动我国经济发展不可或缺的力量。民营经济占国内生产总值比重、税收占全国税收比重、民间投资占全社会固定资产投资比重均超过一半，华为、阿里、小米等一批民营企业崛起为全球知名企业。

从要素保障看，要逐步变革人力资源管理的僵化模式，增强市场化条件下的劳动力和人才流动性；通过明确用地性质、合理编制规划、空间紧凑布局、推广节地技术、优化开发利用等提高土地使用效率，实现用地减量、经济增效，缓解日益突出的经济社会发展与土地资源约束的矛盾；加快构建市场化、多元化的现代金融体系，拓展以权益市场为代表的直接融资渠道，为现代产业体系建设奠定坚实基础。

二、强大国内市场培育进入加速期

强大国内市场建设是增强我国经济发展韧性的重要支撑，也是贸易强国建设的重要基础。党的十八大以来，我国持续保持经济健康稳定增长，成为世界第二大经济体，超大规模的市场优势和内需潜力逐步显现，消费加速扩容升级。为促进形成强大国内市场，推动解决消费品供给质量参差不齐、国内收入分配以及消费结构支出不平衡、居民其他刚性支出压力不断增大等制约释放消费需求潜力的问题，中共中央、国务院印发《关于完善促进消费体制机制进一步激发居民消费潜力的若干意见》，相关部委先后出台《关于大力发展实体经济积极稳定和促进就业的指导意见》《关于促进消费扩容提质加快形成强大国内市场的实施意见》《关于推动物流高质量发展促进形成强大国内市场的意见》等政策文件，从稳定和促进就业、保障和改善民生等角度出发，在深化收入分配制度改革、构建公平开放市场环境、强化物流服务支撑能力等方面改善居民消费能力和预期，进一步培育内需市场。

消费连续6年成为我国经济增长的第一驱动力，对经济增长的拉动作用持续增强。随着人均国内生产总值突破1万美元大关，居民人均可支配收入超过3万元，我国整体消费水平正在提高。2019年，我国社会消费品零售总额突破41万亿元，最终消费支出对经济增长的贡献率达到57.8%。对比货物和服务净出口对国内生产总值11%的贡献率，在外需波动的情况下，内需特别是消费对经济运行保持平稳高速增长的压舱石作用更加明显，这也对与内需密切相关的现代物流业提出更高要求。

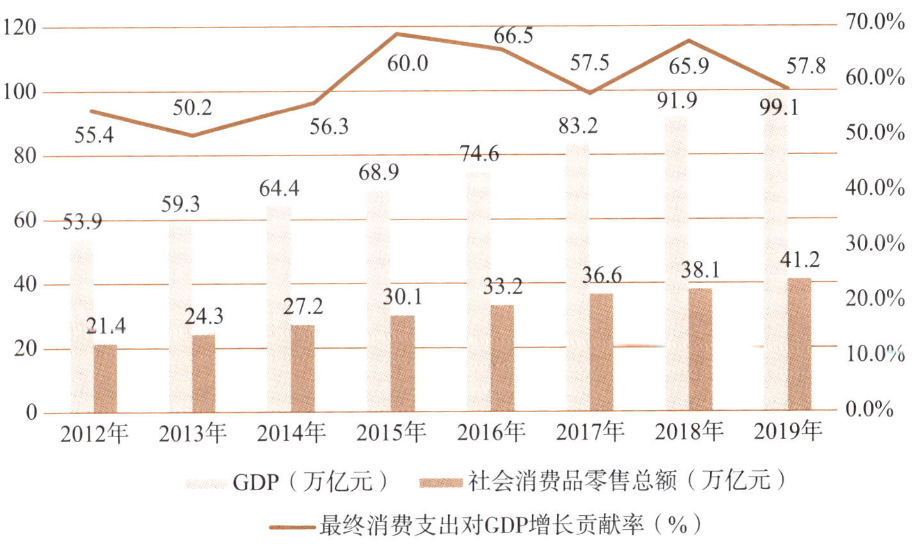

图4-1 2012—2019年消费对GDP贡献情况

数据来源：国家统计局。

从需求端看，居民消费结构加快升级，服务化、品质化和多样化消费需求增长速度明显加快，汽车、家用电器等家庭耐用消费品销售量已居世界首位，但人均拥有量与发达国家还有差距，相关消费仍有较大增长空间。我国拥有世界上规模最大的中等收入群体，构成中高端商品和服务的主要消费主体，对质量更优、性能更佳和内容更丰富的消费需求增长更快，有利于进一步推动商品与服务消费扩容提质，为持续发挥超大规模的市场优势提供坚实基础。同时，农村社会消费品零售总额占全国社会总消费的比重仍处在较低水平。为保障农村消费水平和消费升级的需要，“十四五”时期要顺应农村居民消费的新趋势，完善农村现代物流服务体系，推动建设城乡融合消费网络，进一步畅通农产品进城和工业品下乡的双向通道，激发农村消费潜力。

从供给端看，随着国内产业升级步伐不断加快，数字经济、共享经济、跨境电商等新业态快速发展，人工智能、航空航天、大数据、物联网、智能网联汽车等关键领域一批重大工程加快实施，我国提供高品质消费品能力水平不断提升。特别是随着国际物流体系不断完善，越来越多的海外高品质消费品通过跨境电商等途径进入我国消费市场，扩大国内消费品市场优质供给，不仅满足国内消费者对美好生活的需求，也带动外贸进出口稳步增长，为深化我国与相关国家的贸易往来创造了良好条件。

此外，近年来，依托第五代移动通信（5G）、大数据、云计算、人工智能等智能交互技术，网络消费、“指尖”消费等新消费模式快速发展，并通过线上资源整合带动线下生产、生活组织方式加速重构。特别是应对新冠肺炎疫情期间，网络消费承接了相当一部分实体门店的消费流量，生鲜电商、即时配送、无接触配送等物流服务需求激增，对“十四五”期间加快物流新业态新模式发展提出更高要求。

三、区域经济协调发展进入提升期

党的十八大以来，以习近平同志为核心的党中央提出京津冀协同发展、长江经济带发展、粤港澳大湾区建设、长三角区域一体化发展、推进海南全面深化改革开放、黄河流域生态保护和高质量发展等重大区域发展战略，推动我国区域经济协调发展取得显著成就，东、中、西部和东北地区人均地区生产总值年均增速分别为7.2%、8.1%、8.4%和6.1%。

不同区域间的产业联动性、发展协调性不断增强。东部地区在结构调整、转型升级等方面发挥示范带动作用，现代服务业、先进制造业、高新技术产业等成为经济发展的亮点，在推动我国经济持续增长中发挥着引领作用，长三角、珠三角和京津冀三大都市经济圈成为引领我国区域经济发展的重要引擎；中西部地区充分发挥资源优势与区位优势，加快产业整体转型升级，现代装备制造及高技术产业基地地位逐渐形成，新一代信息技术、新能源汽车、先进轨道交通、航空航天等重点新兴产业发展壮大，地区经济实力显著增强，自主创新能力和产业技术水平不断提升，部分省市开始抢占新经济新动能培育的制高点；东北地区重点企业进行大规模技术改造，装备水平大幅提升，重大技术装备自主化成果显著，传统优势产业竞争力不断增强，重要商品粮生产基地、重要林业基地、能源原材料基地、机械工业和医药工业基地的功能和地位不断提升。

同时，我国区域发展出现新变化新趋势，要求“十四五”时期调整优化现代物流业空间布局，更好发挥现代物流业在促进要素跨区域流动、促进区域协调发展中的重要作用，具体而言：区域经济分化出现新特点，长三角、珠三角等地区已初步走上高质量发展轨道，部分北方省份经济增长放缓，全国经济重心进一步南移。发展动力极化现象日益突出，经济和人口向大城市及城市群集聚的趋势比较明显，北京、上海、广州、深圳等特大城市发展优势不断增强，杭州、南京、武汉、郑州、成都、西安等大城市发展势头较好，形成推动高质量发展的区域增长极。部分区域发展面临较大困难，年轻人和科技人才流失问题突出，个别城市特别是资源枯竭型城市、传统工矿区城市发展活力不足；西部地区生态环境脆弱、发展条件不利，需要在保护生态环境的同时，加强基础设施建设，改善生产生活条件，培育地方优势产业和特色经济，提高可持续发展能力。

四、现代供应链体系建设进入闯关期

党的十九大报告提出，要加快建设制造强国、促进我国产业迈向全球价值链中高端，防范化解重大风险等。面对新的发展形势，迫切需要在“十四五”时期加快现代供应链体系建设，为贯彻落实党中央决策部署提供有力支撑。

在建设制造强国方面，改革开放以来，我国制造业凭借相对低廉的自然资源、劳动力等要素成本实现快速发展，奠定了我国在全球产业分工体系中的“世界工厂”地位。随着自然资源和人口红利消失，我国资源要素成本优势逐渐削弱，资源密集型、劳动力密集型的制造业开始逐渐向外转移。对此，需要加快现代供应链体系建设，依靠优化供应链配套体系，改变原有产业组织方式，打造新的制造业成本优势，培育新的国际竞争力。同时，当前全球范围内新一轮技术革命方兴未艾，由物联网、大数据、机器人及人工智能等技术驱动的社会生产方式变革，正加速改变着产业运行方式和世界制造业格局，要求加快推进现代信息技术装备与现代供应链深度融合，提高现代供应链大数据支撑、网络化共享、智能化协作能力，实现对物流、商流、资金流、信息流高效管理，对制造场所、营销体系、财务系统、人员配置动态协调。特别是借助现代信息技术装备，提高现代供应链全链条信息共享和可视化水平，增强敏捷性调整能力，促进生产制造模式从供方驱动转向需方驱动。

在迈向全球价值链中高端方面，我国产业各环节间、产业链上下游间分工合作较为松散，相关物流、信息流、资金流、商流结合不够紧密，造成单个产业在全球竞争中处于被动局面，弱化我国整体产业竞争力。对此，“十四五”期间要重点从建设附加值高、竞争力强的产业体系入手，加强供应链上下游协同，进行资源整合、流程优化和再造，实现从生产到消费等各环节的有效对接，建立起供应链上下游企业合作共赢的协同发展机制，全面提高产品和服务质量，提高产业发展效率，助力我国产业链迈向全球价值链中高端。

在防范化解重大风险方面，受新冠肺炎疫情影响，我国乃至世界其他多个国家正常生产生活秩序受到冲击，造成供应链体系运行中断，市场需求和企业生产均明显收缩。当前全球经济不确定性显著增加，包括重大突发公共卫生事件、自然灾害、地缘政治、恐怖主义等在内的因素都会加剧供应链风险。一旦出现关键环节“断链”，可能导致整个供应链体系运转停滞，甚至演变为区域性、全国性乃至全球性风险，影响全球供应链安全和经济繁荣。对此，要求“十四五”时期必须加强全球供应链风险预警，在传统产业与战略性新兴产业领域增强供应链弹性，保障重点领域关键产品和物料的供应，加快构建更加强韧、富有弹性的现代供应链体系，维护产业安全和国家安全。

第三节

顺应技术创新应用的发展趋势

习近平总书记指出，科技发展的方向就是创新、创新、再创新[1]。现代物流业既是科技创新的重要领域，也是新技术、新装备应用的主战场。“十四五”时期，要顺应技术创新应用发展趋势，加大现代物流业领域技术创新，为经济社会发展营造成本低、效率高、技术新、模式优的良好物流环境。

[1] 在中国科学院第十七次院士大会、中国工程院第十二次院士大会开幕式上的讲话（2014年6月9日），《人民日报》2014年6月10日。

一、应用新技术推动现代物流业创新发展

物联网技术使世界万物相互联网成为可能，借助射频识别（RFID）、红外传感器、全球定位系统、激光扫描器等信息传感设备，能够实现物流基础设施和基础操作的数字化，为物流活动实现信息化提供了基础载体。叠加物流管理和信息共享环境的建立，使得物流运作智能化成为现代物流业发展的重要趋势。大数据、云计算、人工智能、第五代移动通信（5G）、区块链等信息技术的推广，及物流机器人、无人机、无人车等智慧物流装备应用，为智能运输、智能仓储、电子单证、智慧供应链管理等智慧化应用场景的发展创造条件。现代信息技术与物流的融合，有效提升社会和企业供应链整合能力和价值创造能力，为物流组织网络化、规模化发展提供了新路径。

全自动化码头、无人场站、智能化仓储、智能化多式联运场站等现代物流设施加快应用，极大提高物流联运转运作业整体效率。无人驾驶智能卡车、自动导引车（AGV）、智能穿梭车、智能物流机器人、自动化分拣设备、无人机等一批先进物流装备应用场景不断拓展，进一步提升运输、仓储、装卸搬运、分拣、配送等作业效率和管理水平。可循环、可折叠、可降解的新型物流设备和材料进一步广泛应用，新能源汽车、LNG汽车等绿色环保载运工具规模不断扩大。物流自动化与智能化设备正处于快速发展阶段，新技术变革将推动物流技术装

备加快变革步伐，助力提升现代物流服务能力和效率。

二、营造新场景加快物流组织模式变革

（一）新型基础设施建设带动物流业扩大投资规模

新型基础设施主要由三个领域构成：一是信息基础设施，主要指基于新一代信息技术演化生成的基础设施，如以第五代移动通信（5G）、物联网、工业互联网、卫星互联网为代表的通信网络基础设施，以人工智能、云计算、区块链等为代表的新技术基础设施，以数据中心、智能计算中心为代表的算力基础设施等；二是融合基础设施，主要指深度应用互联网、大数据、人工智能等技术，支撑传统基础设施转型升级，进而形成的融合基础设施，如智能交通基础设施、智慧能源基础设施等；三是创新基础设施，主要指支撑科学研究、技术开发、产品研制的具有公益属性的基础设施，如重大科技基础设施、科教基础设施、产业技术创新基础设施等。

新一代通信技术为核心的新技术革命，不仅催生出工业互联网、数据中心等新型基础设施，还会极大地改变能源、交通和生产生活方式，重塑产业分工时空格局，推动铁路、公路、机场、港口、管道、电网、水利、市政、物流等传统基础设施更新换代，促进绿色能源、智慧公路、智慧铁路、智慧园区等新型基础设施快速发展。对物流基础设施而言，应用新技术支撑以国家物流枢纽为引

领的物流基础设施转型升级，进而形成与新一代信息和管理技术融合的新型基础设施是面临的迫切任务。

（二）技术更新迭代为物流企业赋予新动能

人工智能、大数据、第五代移动通信（5G）、北斗导航等与物流活动深度融合，企业物流运作智能化水平进一步提升，客户服务水平加快提高。以人工智能、自动化技术和通信技术为支撑，以自动化立体库、自动导引车（AGV）、自动驾驶叉车等装备为基础依托，一批智慧港口、智慧陆港、智慧空港和智慧园区为代表的智慧物流设施加快建立，推动上下游企业之间采购、生产、物流等业务流程的协同，优化供应链的运作过程。物流大数据和新一代智能迭代算法在车货匹配领域深度应用，通过对运力池进行大数据分析，实现公共运力标准化供给和专业运力个性化需求之间的良好匹配，通过对货主、司机和任务的精准画像，实现智能化定价、为司机智能推荐任务和根据任务要求指派配送司机等。运输线路优化方面，通过运用大数据为物流企业间搭建起沟通桥梁，物流车辆行车路径被最短化、最优化定制。大数据、互联技术及供应链协同模式的改变，推动进一步优化库存结构和降低库存存储成本。互联网技术和商业模式的改变，带来了从生产者直接到顾客的供应渠道的变化，运用大数据分析商品品类，系统会自动分解用来促销和用来引流的商品；同时，系统会自动根据以往的销售数据进行建模和分析，判断当前商品的安全库存，并及时予以预警。

无人机、无人车、无人仓等应用进一步拓展，为物流企业智慧赋能，进一步提升物流效率。与人力配送相比，无人机具有智能化、信息化、无人化的特点，是解决“最后一公里”配送效率问题重要载体。顺丰、京东等优先选择在农村开展无人机配送试点，为无人机商业化试验运作和智能化运输积累经验，同时加快向城市无人机配送拓展。无人仓、无人车等已加快普及应用，京东“亚洲一号”通过智能物流机器人的相互协作，以及与管理人员的紧密配合，完成了整个仓储环境中的复杂工作；菜鸟在南京启用国内首个物联网机器人分拨中心，通过应用计算机视觉、多智能体机器人调度技术，实现大件包裹在整个分拨中心内的全程可控、智能识别及快速分拨。在未来，无人机、无人仓与无人车将形成空地一体智能无人物流体系。

（三）管理技术手段升级提高物流组织效率

多式联运与区块链、物联网、自动化技术进一步融合，全链条管理效率显著提升。多式联运作为一种集约高效的现代运输组织模式，信息化运作使得多式联运能够实现全程可追溯和系统之间的贯通。新型技术的应用大大提高了多式联运换装转运的自动化作业水平和仓内操作效率，进而总体提高多式联运场站的站内联运作业效率。此外，在银行、商贸企业及物流企业的共同参与下，区块链技术在集装箱多式联运领域得到率先应用。长期以来，由于多式联运涉及的协作主体较多，货物相关单证不统一，不同运输方式业务衔接和信息共享困难，造成运输成本高，货物中转效率低。区块链去中心化、交易透明和数据不可篡改等特点，为这些问题提供了解决的方案和可能性。2019年，四川发布全国首个多式联运一单制跨境区块链平台“中欧e单通”，标志着中欧班列与金融服务相结合迈出一大步，为提单物权化和供应链金融发展提供了重要支撑。

大数据和人工智能支撑的供应链协同管理技术进一步应用。随着供应链变得越来越复杂，使用大数据和人工智能技术可以迅速、高效发挥数据的最大价值，有效集成需求预测、库存及生产作业计划、资源配置、渠道优化等企业计划和决策业务。将资源数据、交易数据、供应商数据、质量数据等存储起来，用于跟踪和分析供应链执行过程中的效率、成本，能够控制产品质量，优化和综合平衡订单、产能、调度、库存和成本间的关系，找到最优解决方案，达到最佳的物料供应分解和生产订单的拆分。

三、搭建新平台深化物流业发展融合

（一）冷链技术促进物流与现代农业有机融合发展

近年来，我国冷链技术与现代农业的加速融合，有效降低农产品流通损耗率，提升一二三产融合水平。农产品产地冷链物流体系建设全面加强，产后预冷、贮藏保鲜、分级包装等冷链物流基础设施进一步完善，产品分拣、包装等流通加工业务进一步拓展。企业创新冷链物流基础设施经营模式，加强与地方农户和农产品加工企业合作，开展多品种经营和“产销双向合作”，提高淡季期间设施利用率。发展以产品为核心的全过程冷链监控平台，加强全程温度、湿度监控，减少“断链”隐患。加快拓展社区服务网点，降低农产品物流成本，“生鲜电商+冷链宅配”“中央厨房+食材冷链配送”等冷链物流新模式进一步发展，消费者体验进一步增强。

（二）工业互联网加快物流与制造业结合创新发展

工业互联网是全球工业系统与高级计算、分析、感应技术以及互联网连接融合的产物，是全新的产业组织方式。通过全球化的工业级网络平台，紧密链接设备、生产线、工厂、供应商、产品和客户，高效共享工业经济中的各种要素资源，以自动化、智能化的生产方式降低成本、提高效率，帮助制造业延长产业链，极大地激发生产力。我国制造业门类齐全、独立完整，建设基于工业互联网的制造体系，将加快向着制造业强国目标迈进进程。现代物流业是制造业提升竞争力的重要手段，加快制造业服务化是制造业物流的基本特点，也是优化制造业产业链结构、转变制造业增长方式的有效途径。

工业互联网加快现代物流业与制造业发展融合步伐。第三方制造业物流专业化水平提升，一批服务电子信息、整车制造等的供应链物流企业崛起，为制造企业优化业务流程，提供整合外包采购、生产、销售和售后等环节的物流服务，让制造企业更加专注于设计、研发和生产等核心环节。依托工业互联网和供应链管理技术，物流企业为制造企业量身定制供应链管理库存、“线边物流”、供应链一体化服务等物流解决方案，使得制造企业的整体运行效率进一步提升。供应链智慧化水平提升，物流和供应链企业加速开展面向加工制造企业的物流大数据、云计算产品服务，提高数据服务能力，建设供应链协同平台，加快实现需求、库存和物流信息的实时共享，协助制造企业及时感知市场变化，增强制造企业对市场需求的捕捉能力、响应能力和敏捷调整能力，发展以个性化定制、柔性化生产、资源高度共享为特征的虚拟生产、云制造等现代供应链模式，提升物流全链条的价值创造能力。

（三）电商与新零售带动物流与商贸线上线下共生

近年来，我国电子商务持续保持高速发展的态势，电子商务与产业融合持续深入，跨境电商高速增长，社交电商、内容电商新模式新业态发展迅速，电子商务作为经济产业发展新动力，在助推消费升级、延伸产业链条、提高开放水平和助力脱贫攻坚方面的作用日益明显。2019年，我国电子商务市场规模持续引领全球，服务能力和应用水平进一步提高，全国电子商务交易额达34.8万亿元，其中网上零售额10.6万亿元，同比增长16.5%，实物商品网上零售额8.5万亿元，占社会消费品零售总额的比重上升到20.7%，电子商务从业人员超过5 000万人。与此同时，电子商务与快递物流协同发展不断加深，推进快递物流转型升级、提质增效。2019年，我国快递服务企业业务量累计完成635.2亿件，同比增长25.3%，业务量超过美、日、欧等发达国家和经济体的总和。随着电商平台的快速发展，平台化电子商务企业不断加强对线下物流领域的渗透。如京东在完善自建物流体系的同时，加快在国内市场发展第三方寄递服务；阿里在国际物流线路开展总包业务，并建立“丹鸟”网络完善仓配模式；美团推出新品牌“美团配送”，开放配送平台发展配送业务，等等。

新零售是以互联网为依托，通过运用大数据、人工智能等先进技术手段，对商品的生产、流通与销售过程进行升级改造，进而重塑业态结构与生态圈，并对线上服务、线下体验以及现代物流业进行深度融合的零售新模式。通过大数据挖掘消费需求，指导供应链前端的研发设计进行逆向生产，进一步推动供应链数字化过程，同时通过中间化和多级分仓，既降低了运营成本，又让消费者在最短时间内获得商品，提升顾客体验感，重构供应链模式，最后借助门店互联网化和体验智能化，实现精准营销。新零售蓬勃发展，将加速线上服务、线下体验以及数字化供应链深度融合进程。

四、践行新理念促进现代物流业可持续发展

习近平总书记指出，我们既要绿水青山，也要金山银山。宁要

绿水青山，不要金山银山，而且绿水青山就是金山银山[1]。习近平总书记的重要论述，为发展绿色物流指明了方向。“十四五”时期，把绿色物流发展摆在更加突出的位置上，加快绿色化发展步伐已成为现代物流业发展的重要趋势。

从现代物流业自身看，迫切需要发展绿色运输、绿色包装、绿色流通加工和逆向物流，加大绿色物流技术研发力度，开展重大技术联合攻关，突破绿色物流发展的技术“瓶颈”；完善车辆排放标准和城市物流车辆通行政策，促进清洁能源物流车辆广泛应用；鼓励托盘、周转箱等标准化装载单元循环共用，发展多式联运、共同配送等先进物流组织模式，提高物流集约化发展水平，使绿色物流成为现代物流业发展内在需要和基本模式。从产业体系运行看，需要积极推动提高制造、商贸业物流外包比重，并将传统运输、仓储等简单环节的物流外包转变成供应链服务资源整合和物流运作系统建设，通过物流网络化、信息共享化、运作智能化，不断提高制造、商贸业运行效率，有效降低物流成本。在此基础上，推动建立现代供应链支持下的柔性生产和便利消费方式，使绿色物流理念得到广泛认同并付诸实践，进一步提高上下游产业领域绿色物流发展水平。

[1] 在哈萨克斯坦纳扎尔巴耶夫大学演讲时的答问（2013年9月7日），《人民日报》2013年9月8日。

学习贯彻习近平新时代中国特色社会主义经济思想

做好“十四五”规划编制和发展改革工作

| 系列丛书 |

第五章

推动“十四五”时期现代物流业发展迈上新台阶

推动“十四五”时期现代物流业发展，要坚持以习近平新时代中国特色社会主义思想为指导，深入贯彻落实习近平总书记关于现代物流业发展的重要论述，以深化供给侧结构性改革为主线，以推动现代物流业高质量发展为目标，加快物流发展方式转变、结构调整和动能转换，对外立足全面开放新格局，精准把握全球供应链体系重构的战略机遇，努力适应复杂多变的国际经贸环境，为我国扩大对外开放、建设贸易强国提供坚实保障；对内把握经济高质量发展的时代要求，顺应技术创新应用的发展趋势，加快构建现代物流体系，全面提升物流服务质量效率，为现代产业体系建设、强大国内市场培育、区域经济协调发展和现代供应链构建提供有力支撑。

第一节

现代物流业发展的总体战略定位

现代物流业在国民经济发展中发挥着基础性、战略性、先导性作用。“十四五”时期，要结合现代化经济体系建设，进一步深化对现代物流业战略定位的认识，确立与之相适应的发展思路，营造更加适宜的发展环境，推动现代物流业高质量发展，为国民经济健康有序运行提供保障。

一、支撑国民经济有序运行的基础性产业

基础性产业是与国民经济其他产业关联密切，在国民经济发展和产业结构调整中具有服务保障和支撑作用的产业。产业功能的基础性、服务的公共性、效益的社会性、运转的协同性、建设的长期

性和投入的密集性等是基础性产业的重要特征。现代物流业连接生产和消费，具有天然的经济运行基础性特征，与所服务产业在运行上高度融合，为制造、商贸等其他产业运行提供必需的运输、仓储等服务，在支撑产业运行、国民经济循环中发挥着重要的基础性作用。

“十四五”时期，随着我国现代产业体系建设深入推进，产业组织方式面临深刻变革，对提供产业运行基础支撑的现代物流业提出了新的更高发展要求，既要在运输、仓储、供应链管理等服务方面降本增效，又要对经济发展提供强大的支撑能力，为网络经济和规模经济发展提供基本网络支持。从经济整体发展方面看，要夯实现代物流业支持经济高效运行的基础，为经济高质量发展和产业组织创新提供基础保障；从区域经济发展方面看，要为区域、城市产业布局能力、经济发展竞争力提升提供要素聚集、规模扩张支撑，为打造区域、城市经济增长极，培育新的经济增长点创造有利条件。因此，“十四五”时期，要精准把握现代物流业基础定位与发展方向，统筹物流发展要素投入，建立符合基础产业定位的发展政策，更好推动现代物流业发展。

二、优化产业组织与提升产业价值的战略性产业

通过现代物流业加强相关产业在供应链层面的横向、纵向组织和要素集成，对改变我国产业布局分散、运行割裂、运转低效状况具有重要作用，有利于形成以规模化和网络化为基本特征的产业组

织新模式，加快产业组织的智能化、一体化融合发展，促进产业迈向价值链中高端。总的来看，现代物流业优化产业组织和提升产业价值作用的发挥，既可以为自身转型升级奠定基础，又能为其他产业提高组织效率、扩大辐射范围、延伸服务价值创造条件，需进一步深化对其战略性作用的认识，确立其战略性产业地位。

（一）深化对现代物流业战略性作用的认识

现代物流业属于典型的派生性服务产业，但在服务生产和生活领域方面与传统物流业相比存在明显差异。对生产服务而言，现代物流业需求虽依然来自制造业、商贸业等实体产业对运输、仓储、配送等的服务需求，但对供应链服务的要求更为强烈，而且供应链具备将信息、交易、结算进行聚集整合的功能，可以产生巨大的附加价值，形成聚集型增量物流需求，对于相关产业和现代物流业发展具有战略意义。如现代物流业与电商、跨境电商等有机结合，对传统实体店不是简单的替代和置换关系，便捷的服务和快捷的交易、物流配送，培育出全新的物流服务需求。国家发展改革委等相关部门在有关文件中，已将现代物流业作为支持实体经济创新供给方式、发现国内市场需求、拓展市场空间的重要手段。对地方经济发展而言，现代物流业发展带有空间非均衡特征，不仅直接关系到区域产业运行的成本、效率和经济发展质量，还影响到区域、城市在经济发展全局中的发展能力与竞争力，需统筹认识现代物流业战略性作用，系统谋划本地区现代物流业与相关产业整体提升战略路径。

（二）加快确立现代物流业战略性地位

发挥现代物流业战略性作用，需要在现代物流业高质量发展、现代物流业与相关产业融合联动发展两个层面发力。一方面，要加快现代物流业产业组织模式变革，重构高效、低成本的现代物流业生态。特别是要在运输、仓储两大物流服务核心环节，以及物流基础设施布局的基础保障环节，从战略高度加快运输资源整合，推动运输服务现代化，大力发展多式联运；提高仓储环节现代化水平，加快智能化仓储发展；提高物流节点聚集和运行效率，加快干支配衔接和服务网络建设，实现现代物流业的战略性转型发展。另一方面，要提高现代物流业在重构制造、商贸等产业组织中的战略性地位。积极推动基于供应链的产业全链条运行模式创新，发挥现代物流业连着生产、消费的纽带作用，创新产业链、供应链、价值链融合发展模式，为我国产业高质量发展提供支撑。

（三）推动现代物流业创新发展

深化对现代物流业战略性产业定位的认识，目的在于推动现代物流业及与之相关产业协同发展。一是坚持以供给侧结构性改革为主线，统筹现代物流业与相关产业高质量发展。全国层面，要从物流服务角度，形成有效提高各相关产业发展质量的现代物流运作体系；地方层面，要精准把握地区经济发展特色，从增强本地经济发展竞争力、培育现代物流业区域增长极和产业增长点的角度，形成具有地方特色的物流与经济发展战略、规划、政策体系。二是推进物流组织创新。利用供应链集成，形成物流空间、组织基础上的要素集聚和产业重构，打造物流组织中心和产业聚集发展中心，系统提高区域物流效率、降低物流成本水平。全国层面，要加快物流资源的区域协同与整合，打造要素高度集聚的关键物流组织枢纽，加快形成“通道+枢纽+网络”的现代物流运行体系；地方层面，要强化微观设施的功能、空间整合，加快相关要素规模聚集与运作，在运行层面融入国家物流枢纽网络，并有效推进区域产业组织的网络化发展。三是强化现代信息技术和智能技术应用。依托互联网、大数据、云计算、物联网和人工智能等先进技术，加强物流资源整合、组织集成和创新发展能力，为生产、贸易、金融、信息等多产业、多环节融合联动发展赋能，营造全新的产业发展场景，提高产业发展价值。

三、引导产业布局和业态创新的先导性产业

当前，我国正在加快构建现代化经济体系，加速形成更为合理均衡的区域经济发展格局，产业布局、发展模式面临提升重构变革，现代物流业服务效率和供应链能力正成为引致产业组合和重构的重要力量。“十四五”时期，要系统谋划布局，发挥现代物流业对产业布局和业态创新的先导性作用，引导区域经济实现高

质量发展。

（一）理顺现代物流业引导产业发展的路径

现代物流业对产业布局、经济发展模式及产业组织方式创新的引导，本质是营造适宜产业发展的低成本、高效率物流环境，以及产业链、供应链高度集成的创新产业组织模式，提高区域经济和产业发展的竞争力。在网络化发展成为现代物流业重要趋势的背景下，要更多通过物流要素的空间聚集，依托物流枢纽和通道形成强大物流网络来实现。因此，发挥现代物流业引导性作用的路径就是物流要素集聚、产业链供应链服务集成、物流网络构建。《国家物流枢纽布局和建设规划》要求依托国家物流枢纽布局建设，实现物流资源优化配置和物流活动系统化组织，在国家层面明确了物流要素空间发展格局和路径，各地要立足本地区实际加快推动国家物流枢纽落地，同时加强区域物流枢纽体系建设，并与国家物流枢纽布局建设有效衔接。

（二）明确现代物流业引导经济布局的方向

利用现代物流业布局发展的先导性，科学引导经济要素在国土空间上合理均衡布局，实现区域经济高质量发展，需要首先明确引领布局方向。国家层面，要通过国家物流枢纽引导物流要素合理、规模聚集，构建对接我国区域经济发展战略的现代物流网络，引导东中西部地区经济产业合理布局。区域层面，近年来，国家层面出台了一系列区域发展战略，为引导区域要素整合与经济发展融合，提高各区域经济发展能力，要通过区域物流一体化发展，打造辐射能力强、成本优势明显、供应链服务功能完善的区域物流系统，使现代物流业成为区域经济协同发展的重要引领力量。

当前，我国强大国内市场建设加快，超大经济规模优势不断显现，以共建“一带一路”倡议为引领，“陆海内外联动、东西双向互济”开放发展格局正在形成，要在海运、陆运、航空物流枢纽建设以及国际供应链物流服务系统建设上加快步伐，统筹推进国际国内物流网络建设，为利用两种资源、两个市场，形成以国内大循环为主体、国际国内双循环相互促进的新发展格局提供有力支撑。

（三）创新现代物流业引导经济发展的模式

加快枢纽经济发展。一方面，要发挥国家物流枢纽的要素聚集辐射功能作用，吸引物流要素规模聚集，形成巨大的物流要素流量，培育发展要素聚集型枢纽经济。另一方面，利用物流枢纽要素集聚效应，培育区域供应链服务功能，引导制造、商贸、信息等产业要素资源聚集，营造良好的产业链、产业集群发展环境，完善交易、结算、金融、信息、商务等服务场景和生态，形成物流、商流、资金流、信息流、人才流、技术流交融汇聚的产业发展格局，培育形成新技术、新业态、新产业、新模式主导的产业集聚型枢纽经济。

推动通道经济发展。要密切物流枢纽之间的干线通道联系，打造基于通道沿线物流枢纽、中心城市等节点的产业布局发展与分工合作体系，促进区域间、区域内经济要素流动，加速形成物流服务协同、价值外溢效应，构建基于骨干物流通道、物流枢纽的经济产业走廊，大力发展通道经济。

第二节

现代物流业发展的基本原则

“十四五”时期，要深刻把握现代物流业发展定位，遵循现代物流业发展基本规律，突出供给侧结构性改革主线，坚持现代物流业与经济产业创新融合发展；适应与引导区域经济协同发展需要，统筹加强区域现代物流业发展；培育物流和产业网络、规模经济，推进现代物流业集约高效发展；发挥技术创新动能，提升可持续发展能力，推进现代物流业绿色智能发展；增强适应外部环境变化能力，推动现代物流业韧性联动发展。

一、创新融合

创新融合是按照现代物流业发展战略定位，遵循供给侧结构性改革主线要求所确定的发展原则。要以创新为方向，把握现代生产、生活服务需求和运行发展逻辑，按照产业链、价值链、供应链融合发展要求，系统推进产业技术、业态、模式创新，形成全新的产业组织体系，加快产业创新融合发展。

坚持融合创新发展原则，要在现代物流业发展中，从战略高度统筹现代物流业与产业融合发展的关系，突出以现代供应链组织管理为核心，厘清产业高质量发展的方向与特征，寻求现代物流业与产业融合的切入点，引导产业高质量发展方向。空间布局方面，要更好推动物流要素与经济发展要素的空间协同，创造供应链集成的条件。环境营造方面，要加快完善制度环境，鼓励和促进市场主体间资本、技术、业务融合，创新业态与模式。发展条件方面，积极推广应用新技术，特别是以云计算、大数据、移动互联网、第五代移动通信（5G）、物联网等为代表的现代信息技术。

二、区域协同

区域协同是遵循现代物流业与产业融合发展关系，围绕适应新时期经济布局、产业组织空间结构演变趋势，在经济空间发展维度上所确定的发展原则。要按照现代物流业服务经济产业转型升级发展要求，以全方位、系统化视角，着力提升各层面区域战略的联动性和全局性，增强区域发展的协同性和整体性。

推进现代物流业区域协同发展，一是要统筹优化物流要素的空间布局结构，重点是针对发展中存在的区域短板，优化东中西物流要素的均衡布局发展，并按照区域经济融合发展的内在联系，统筹推进城市群、都市圈、城乡间物流要素的功能协同布局。二是要在服务体系上形成通道化、网络化的整体服务系统，重点是着力加快通道化物流服务，促进区域间经济要素流动，支持区域经济协同均衡发展；加快推进区域物流服务网络建设，支持区域内经济产业分工整合，加速融合发展进程。三是要在推进方式上强化区域物流协同，重点是加强不同行政区划间战略、规划层面协同，按照区域经济发展定位及供应链运行关系，统筹区域物流设施、功能、服务协同，营造便于要素无障碍、低成本、高效率流动的市场环境，激发物流市场主体活力，构建跨区域、分工合作的物流服务系统。

三、集聚高效

集聚高效是现代物流业高质量发展的内在规律与基本要求，是遵循现代物流业规模经济与运输网络经济相结合要求所确定的发展原则。要按照经济发展模式和产业组织创新要求，以推动现代物流业网络经济、规模经济发展为导向，通过物流规模结构、空间结构、组织模式的调整，提高物流效率、降低物流成本水平，适应经济高质量发展需要。

坚持集聚高效发展，重点是加强对各类物流资源的有效整合，这也是“十四五”时期现代物流业优化结构、整合资源、聚集要素，实现高质量发展的重要任务。一是加快物流要素的空间聚集。以国家物流枢纽、物流园区等设施为载体，加快推进物流存量资源的空间集约整合，提高土地等要素的利用效率，支持现代物流业形成规模经济效益。二是加快推进要素聚集基础上的组织整合。着力打造物流服务聚集平台与服务运作平台，强化不同物流服务功能有机协同，形成干支配仓等物流环节的有机衔接，通过区域间业务联动和网络构建，提升运行效率。三是加快物流要素与经济要素的协同聚集融合。营造良好的现代物流业发展政策环境，引导与促进产业要素聚集，形成物流与产业组织的网络化、智能化发展统筹对接，提高产业供应链组织和服务效率。

四、智能绿色

智能绿色是从当前重大技术革命背景和可持续发展的战略要求出发所确定的发展原则，体现技术创新、效率提升、绿色环保等发展基本要求，是现代物流业依托新技术赋能，提高要素利用效率，实现可持续发展的重要方向。

坚持智能绿色发展，一是鼓励新技术、新装备广泛应用。促进企业应用人工智能、第五代移动通信（5G）、电子识别、无人机、物流机器人等新装备、新技术，提高物流服务质量和效率。二是营造新技术应用环境。要积极引导创造应用各类智能技术的规模化运作市场环境，营造智能仓储、智能园区等物流领域的智能技术装备应用场景，推进智能化设施推广应用。三是推动现代物流业与相关产业整体智能化发展。智能设备、技术、管理在物流领域的广泛应用，从根本上改变了产业组织和管理能力，实现了供应链多环节整合、产业链延伸组织，以及价值链整体重塑，为物流智能化提供了新的拓展领域。四是推动绿色技术的应用。积极推动绿色运输、绿色包装、绿色流通加工、逆向物流等模式创新发展，使绿色物流成为现代物流业发展的重要领域。

五、韧性联动

韧性联动是从现代物流业更稳定、安全、可控，保障供应链安全确定的发展原则。要坚持底线思维，增强组织力、控制力，以更灵活和变通的组织方式、互补能力、协同关系，适应外部环境的变化，确保在各种可能的不稳定格局下，保障我国全球产业链供应链的稳定运转。

坚持韧性联动发展，一是进一步完善物流网络。增强国际国内物流通道网络的交叉、替代、互补能力，确保特定条件下物流能力的快速保障。二是增强应对变化的物流组织能力。提高物流的中枢组织能力和效能，增强物流资源要素之间的联动协作水平，确保环境变化条件下，有能力快速调整组织方式，提供顺畅稳定的基本保障。三是加强应急物流体系建设。加快构建国家、地方不同层面，应对不同情景的应急物流体系，完善应急物流机制。四是强化现代物流业与产业融合的供应链能力提升。重点在关系民生保障的冷链物流、粮食物流以及工业制造的大宗商品物流等领域，强化以供应链能力提升为导向的物流系统建设，提高现代物流业支持我国经济发展能力。

第三节

推动现代物流业发展的实施路径

加快构建高质量的现代物流体系是形成系统、科学的“十四五”现代物流业发展基本路径的基础。深入学习领会习近平总书记关于现代物流业发展的重要论述，现代物流体系应具有立体、交叉、综合等特征，具体可以分为基础层、运作层、保障层。基础层强调现代物流业的服务主体与服务手段，即完善“通道+枢纽+网络”的现代物流运行体系，培育结构合理分工协作的市场主体；运作层强调现代物流业的多维服务形态，即推动现代供应链引领产业组织创新，发展新模式新技术下的现代物流服务体系，培育多业融合共生发展的物流经济新形态，提升应急物流体系的安全与韧性，顺应全面开放国际物流体系发展；保障层强调现代物流业的持续、健康发展，即夯实包含标准、统计、信用等内容的物流基础支撑体系。

一、构建“通道+枢纽+网络”的现代物流运行体系

党的十九大报告将物流与铁路、公路、水运、航空、管道等重大基础设施并列，明确要求加强物流基础设施网络建设。必须跳出单纯从产业角度看待物流的惯性思维，更多从产业、生活配套基础设施的角度审视物流的地位和作用。构建“通道+枢纽+网络”的现代物流运行体系是统筹现代物流业宏观发展与微观运行，对现代物流业发展空间布局、组织结构、运行方式等的顶层框架设计，对推动物流组织方式变革，打造低成本、高效率的全国物流服务网络，推动物流降本增效服务实体经济高质量发展，促进产业结构优化和转型升级，重塑经济发展空间格局，实现新旧动能转换和打造新的区域经济增长极等都具有重要战略价值。

（一）整合资源，推动物流基础设施资源优化

物流基础设施对供应链整体服务功能提升，提高供应链运行、物流效率，满足企业物流和物流企业的物流组织、管理需要具有重要支撑保障和载体作用。物流基础设施包括国家物流枢纽、物流园区、物流中心、配送中心、仓库、货场以及各种运输方式的枢纽场站、集装箱站、中转站、货运站等货运功服务设施。我国物流枢纽设施数量规模庞大，但要素集中度和运行分散特征明显。“十四五”时期，要强化对承载物流组织和物流要素聚集功能的枢纽设施的资

源整合，优化物流基础设施布局、规模、层级和功能结构，形成一批要素高度聚集、服务功能强的重大枢纽设施，打造辐射能力强的物流基础设施网络。

在这一过程中，要重点发挥好国家物流枢纽的资源整合和优化引领作用。国家物流枢纽是实现物流体系高质量运行的顶层核心载体，以整合资源为主要路径，打造辐射区域更广、集聚效应更强、服务功能更优、运行效率更高的综合性物流枢纽，形成有效串接全国通道、辐射各区域网络的关键平台，在全国物流网络中发挥关键节点、重要平台和组织中枢的作用。《国家物流枢纽布局和建设规划》统筹考虑国家区域经济布局要求、通道网络结构条件等因素，明确以国家物流枢纽为支点的国家骨干物流基础设施网络空间布局。“十四五”时期，“通道+枢纽+网络”现代物流运行体系建设的核心任务是推进国家物流枢纽布局建设和落地实施，同时建立完善实施考核评价标准，组建国家物流枢纽联盟，完善促进国家物流枢纽聚集要素、发展枢纽经济相关政策，加快国家物流枢纽高质量发展，形成牵引现代物流体系高效运行发展新格局。

以国家物流枢纽作为现代物流运行体系建设的整合载体，合理组织和利用土地、投资等要素资源，通过多规合一，实现对物流设施资源的有效整合。加快完善物流资源整合利用的相关扶持政策，为各类物流设施的综合利用营造良好政策环境。在规划层面明确物流枢纽、物流园区、城市配送等物流基础设施布局，防止其他设施挤占、挪用物流设施用地，改变一些地区不断外迁物流基础设施的不合理局面。同时，按照城市发展定位和功能，构建区域、市域、市内、城乡不同层级有机衔接的高效物流网络，提高城市物流整体设施布局水平与物流服务组织化程度。研究制定统一的城市配送、快递物流网络布局建设标准，规范城市物流运行管理，提高城市物流运行品质。完善城市对外通道布局，密切通道与重要物流设施联结，为干支配有机衔接营造良好服务环境。

（二）集约组织，打造高效物流服务运作平台

以构建高效物流网络、发展网络化物流服务为方向，培育集多种设施、服务功能一体化物流服务运作平台，充分发挥物流平台的组织功能和作用，加快现代物流业集约化发展。

打造基于国家物流枢纽的物流组织平台。以国家物流枢纽为核心载体，通过串接不同城市、同一城市不同类型的国家物流枢纽，有效联结国家物流枢纽周边区域的物流园区、货运场站、配送中心、仓储基地等物流设施，聚集干线、支线、配送等物流服务资源，打造物流服务要素高度聚集、物流运作辐射网络强大、优势互补、业务协同、利益共享的合作发展平台。

培育一体化物流服务组织平台。强化对分散、小规模物流服务资源的整合和衔接，鼓励有利于干线运输、支线运输、配送服务、仓储服务、国际服务、运输代理等物流服务进行集成的服务组织平台建设，提高物流组织化水平和运行效率，降低物流成本水平。鼓励公路运输车货匹配平台转型升级，加快嵌入物流设施网络、运输

通道网络、智能仓储网络、国家物流枢纽网络步伐，向规模化、网络化组织干线运输、衔接支线运输、对接末端配送服务转型，加快物流运作和运输组织服务的网络化、规模化发展。鼓励各类物流服务平台之间对接和融合，放大平台效应，提高集约化发展水平。鼓励铁路、港口、机场物流向平台化组织方向转型，面向货物吞吐量大的区域、企业提高网络化服务能力和水平。

建设互联互通共享的物流信息平台。以互联网、移动互联网、大数据、云计算、物联网、人工智能等技术应用为依托，转变物流信息互联互通共享理念，建设有效串接产业供应链环节、物流运作环节、生产流通环节的物流信息新平台，为嵌入金融、结算、运营服务奠定技术基础，为物流业态创新、模式创新、产业创新营造良好发展环境。加大电商、快递等环节的物流信息整合步伐，规范整合标准和手段，为营造信息互联互通共享环境创造条件。推动铁路、航空、港口等信息开放共享，为物流信息平台建设，提高全社会物流效率、降低物流成本水平提供有力支撑。

（三）促进联通，推动干支配网络的衔接畅通

物流干线运输通道、支线运输网络和末端配送系统的衔接方式及其效率，对现代物流运行体系建设具有决定性的影响。我国已成为交通大国，拥有集成多种运输方式的强大运输网络，在向交通强国迈进过程中，各种运输方式构成的综合交通网络将进一步完善，未来现代物流体系运作的运输条件将显著改善。为更好发挥综合运

输网络效益，提高运行效率，需要从现代物流运行体系建设层面出发，构建基于运输、物流组织的干支配网络系统，提高干支配衔接能力和整体运行效率。为实现这一目标，必须改变不重视干支衔接的传统理念和做法，加快依托重要交通通道构建运输、物流走廊步伐，为发展通道经济，促进产业、企业沿物流通道布局、高效分工协作创造条件。

打造国际国内双循环物流大通道。随着内陆开放高地崛起和强大国内市场建设稳步推进，我国东中西、南北全域参与国际经济大循环新格局正在形成。为满足国内国际市场需求，必然带来规模化双向干线运输与物流加速发展，要重视干线运输与物流服务资源聚集整合，从国际国内双循环新格局层面，加快运输、物流运作资源向特定通道规模聚集，为运输、物流规模化、网络化运行奠定基础。要积极推进西部陆海新通道的物流资源聚集，探索跨区域干线运输、物流走廊建设经验，为推广复制创造条件。要加快以武汉、郑州、西安、成都、重庆、乌鲁木齐、兰州、昆明、南宁、贵阳等中心城市为依托的国际国内双循环物流大通道建设，提高中西部地区中心城市辐射能力，降低跨区域物流成本水平，提高产业布局竞争力，密切沿通道城市间、国际国内市场的联系，打造发展新格局下的经济新增长极。

织密支撑物流大通道支线网络。以物流大通道为载体，密切中心城市与周边城市间的支线联系，为大通道聚集物流服务资源、开展规模化运作提供支持，为周边城市利用大通道创造条件。加快中心城市支线成网步伐，依托中心城市构建城市群、都市圈物流支线网络，营造依托物流大通道跨区域辐射的产业布局发展环境，尤其是重视中西部中心城市的支线网络建设，为布局发展规模产业奠定坚实基础。

构建国家物流枢纽多式联运服务网络。加快对多式联运发展的顶层设计，注重与现代物流业发展规划、综合交通运输及公路、铁路、水运、航空、管道等专项发展规划有效衔接。依托国家物流枢纽，本着统筹协调、衔接高效、创新开放、政府引导、企业运作的原则，对点线衔接、能力协调、标准制定、单证统一、服务产品、运行机制等多式联运发展重大问题进行系统突破，结合国家物流枢纽建设条件开展适宜的多式联运模式，着重打造一批陆港型国家物流枢纽公铁联运工程、空港型国家物流枢纽空铁联运工程、港口型国家物流枢纽铁水及水水联运工程、陆上边境口岸型国家物流枢纽国际多式联运工程。制定符合发展需要的多式联运实施方案，强化方案编制的科学性与可操作性。完善方案实施的监测评估机制，建立规划执行进度和效果评价机制，突出引领作用。

强化干支线与末端配送衔接。积极引导区域分拨、城市配送系统布局建设，依托国家物流枢纽的运输组织服务环境，密切末端配送与物流通道联系，创新城乡配送低成本发展模式。强化区域分拨与城市配送之间运行联系，形成分拨配送紧密衔接的配送服务网络，营造干支线支撑配送高效发展格局。

（四）网络重构，促进降本增效方式路径变革

经过多年发展，我国现代物流业已经形成了布局相对完善、功能较为强大的设施体系，但基础设施网络化组织结构不强、经营运作分散、要素聚集度不高，影响物流运行效率进一步提升，不利于推动物流成本水平持续下降。要按照现代物流业与产业融合发展路径，充分发挥物流基础设施网络整体功能，持续提高物流创新服务效能，加快推进物流降本增效从单一物流运作环节向物流组织模式创新转型。

促进现代物流业降本增效路径与模式转型。加快形成物流规模化、网络化组织结构，打造要素高度聚集的物流枢纽网络，形成物流业务运作规模集成效应，加快干、支、配、仓有机衔接，培育物流与信息、金融等融合发展新业态，提高物流市场主体整合资源、创新服务的能力，促进现代物流业全方位提升发展质量，以服务体系整体能力确保降本增效方式转型。加快促进区域物流联动、服务方式协同、产业发展融合，构建基于供应链的全新产业发展模式和运行生态，提高我国物流供应链整体发展水平，密切产业链、供应链、价值链关系，实现模式创新基础上的全产业链降本增效，促进我国产业迈向全球价值链中高端。

顺应趋势深入推进物流降本增效工作。优化物流降本增效顶层设计，形成依靠网络模式、创新生态降本增效合力，加快我国物流降本增效方式转型。提高降本增效要素应用和技术支持力度，引导

土地集约利用和物流设施网络化布局，鼓励提高物流设施设备利用率，提高运输工具满载率，努力降低单位物流量成本，加快干支衔接运输、多式联运发展，加速货物运输结构调整，促进降低运输服务组织环节成本。加快降低供应链运行成本，提高产业链运行效率，鼓励专业化物流创新发展，鼓励制造业、商贸业采用供应链管理与服务，进行供应链组织模式创新，提高供应链稳定性和安全性，提高基于供应链的成本、效率竞争力。

二、建立安全可靠的现代供应链体系

良好的供应链组织运行系统以及对供应链稳定与组织能力是体现国家经济发展竞争力的重要标志，也是现代化经济体系建设的应有之义。当前，我国产业体系完备，但供应链组织和运行水平依然需要继续提升。特别是新冠肺炎疫情对全球经济运行造成巨大影响，维护产业链供应链安全稳定已成为全球各国的重要目标，也成为维护全球经济社会正常秩序的关键所在。

（一）加强供应链集成，提高组织效率与品质

发挥现代物流业的要素集成作用，提高供应链管理能力。依托仓储、运输等关键领域的集成化组织能力，沟通上下游生产、流通环节，加快推进物流服务供需高效匹配、良性互动。通过构建生产、流通深度融合的供应链协同平台，推动供应链系统化组织、专

业化分工、协同化合作和敏捷化调整。提升供应链集成能力，培育中国特色的供应链组织企业，提高企业生产、流通资源配置效率和综合运行效益。

依托重大物流枢纽，打造区域供应链组织中心。创新和培育国家物流枢纽供应链业务模式，发挥国家物流枢纽在区域物流活动中的核心组织作用，提升国家物流枢纽产业服务功能，依托国家物流枢纽深化产业上下游、区域经济活动分工合作，推动物流枢纽从物流要素组织中心向供应链组织中心转变。支持和引导物流线上线下融合、共同配送、云仓储、众包物流等共享业务发展，进一步拓展基于供应链的交易担保、融资租赁、质押监管、信息咨询、金融保险、信用评价等价值链增值服务。提高枢纽协同制造、精益物流、产品追溯等服务水平，有序发展供应链金融，鼓励开展市场预测、价格分析、风险预警等大数据信息服务。

（二）引导供应链融合，创新供应链服务体系

在移动互联网、大数据、云计算等新兴技术支撑下，供应链正在改变传统的商流、物流、信息流与资金流运作模式，使得制造、商贸等领域的物流服务融合成为可能，也成为重要的新发展趋势。要鼓励和引导物流与制造、商贸、金融等产业融合发展，实现上下游各环节资源优化整合和高效组织协同，创新制造、商贸与物流紧密结合的供应链模式和生产模式，加快产业模式创新，促进经济高质量发展。

促进现代物流业与农业融合，培育发展农产品供应链。依托农产品物流信息平台、电商平台，推进农产品产地与销地、批发市场线上线下融合发展，拓展产销对接、安全检测、加工包装、统仓统配、溯源查询等功能。面向支持鲜活农产品流通，加快城乡冷链物流设施补短板，形成完善的冷链物流服务网络；推广以标准托盘、周转箱（筐）为单元进行全程货物监控、“不倒托、不倒箱（筐）”标准化冷链；推动产区合作社、新型农村经营主体等建设产地公用型预冷库或推广使用移动冷库。

促进现代物流业与制造业深度融合，提升制造业供应链。以深化实施“互联网+”高效物流、物流降本增效专项行动为抓手，促进现代物流业与制造业深度融合创新发展。鼓励物流企业为制造企业量身定做供应链管理库存、“线边物流”、供应链一体化服务等物流解决方案，满足敏捷制造、准时生产等精益化生产需要，探索发展以个性化定制、柔性化生产、资源高度共享为特征的虚拟生产、云制造等现代供应链模式，提升物流全链条价值创造能力，实现综合竞争力跃升。鼓励物流和供应链企业在依法合规的前提下开发面向加工制造企业的物流大数据、云计算产品，提高数据服务能力，协助制造企业及时感知市场变化，增强制造企业对市场需求的捕捉能力、响应能力和敏捷调整能力。结合本区域主导产业，推动企业打造供需对接、资源整合的供应链协同平台，提高区域产业组织能力和协同效率。围绕抢占战略新兴产业制高点，充分调动各方资源，打造合作紧密、分工明确、集成联动的政产学研一体化供应链创新网络，推进关键技术攻关和相关产业发展。

促进现代物流业与商贸业深度融合，完善商贸供应链。促进传统实体商品交易市场转型升级，打造线上线下融合的供应链交易平台，促进市场与产业融合发展。推动企业建设运营规范的商品现货交易平台，提供供应链增值服务，提高资源配置效率。推动快消品、药品、电商、跨境电商等领域发展分销型供应链，从统仓统配的供应商切入，推广使用标准化单元技术，发展供应链协同平台，整合上下游商流、物流、信息流、资金流，实现供需对接、集中采购、统管库存、支付结算、物流配送等功能集成，提高供应链自动补货、快速响应及资源共享能力。

（三）拓展供应链空间，培育国际化物流服务

在全球产业链不断深化融合的发展背景下，要围绕有效利用国际国内两个市场两种资源，加快完善国际供应链组织系统，支持我国产业拓展国际发展空间，提高产业发展竞争力，迈向价值链中高端。以共建“一带一路”为核心，统筹国际物流通道、枢纽、网络体系建设，推动生产、商贸等企业与物流企业联动，积极稳妥推进境外分销服务网络、物流配送中心、海外仓等设施建设，延伸产业国际供应链组织空间，提高国际供应链服务质量。培育龙头国际物流供应链企业，完善企业层级的国际物流网络体系，提高国际物流企业经营管理能力和市场竞争力，确保国际供应链组织和运行的稳定性，提高我国产业国际供应链安全水平。

三、发展集约高效的现代物流服务体系

现代信息技术和人工智能、新能源等广泛应用，不仅对现代物流业集约高效发展提出新的更高要求，也为现代物流业创新发展、提质增效创造了良好条件。要着力提升物流信息化、智能化、集约化、绿色化发展水平，提高要素利用效率，紧扣智慧物流、绿色物流发展，推动构建集约高效的现代物流服务体系。

（一）大力发展智慧物流

充分把握第五代移动通信（5G）、物联网、北斗导航等现代信息技术快速应用的战略机遇，加快营造良好的市场、标准、监管环境，创新技术、模式、业态协同发展生态，激发效率与效益牵引的智慧物流发展新动力。

推动物流设施与装备体系智能化。着力完善物流基础设施网络条件，针对基础设施、载运工具、货物操作单元等物流环节主要载体，加快信息感知、采集等物联网技术和装置应用，全面推进物流活动数据化体现，打造智能化物联网基础。积极推广应用智能化专业物流装备，提高运输、仓储、装卸等物流环节自动化程度，加快应用自动引导车（AGV）、无人叉车、货架穿梭车、分拣机器人等智能化装备，创新物流作业模式和优化物流运作流程。鼓励各类物流基础设施利用深度交互的物联网基础条件和广泛应用的智

能装备，发展智慧物流园区、智慧港口、智慧口岸、智慧仓库等设施。

打造物流智慧组织中枢。依托“通道+枢纽+网络”的现代物流运行体系，加快建设国家物流枢纽综合信息平台，打造要素高度聚集、信息全面互联、组织高度协同的国家智能物流运行组织中枢。突出公共服务大数据研究与分析，强化宏观政策引导，优化智能物流资源配置网络。鼓励联运服务企业、供应链组织企业依托智慧物流组织中枢，快捷、全面获取关联环节的专业物流服务资源，开展网络化、通道化物流组织服务，创新干支配全程智慧物流服务产品，减少中间环节，构建一体化物流智慧运作系统。

推动供应链智慧发展。完善农村物流网络，搭建农业供应链信息平台，促进农业生产经营环节数据共享，打造农产品生产、贸易、物流大数据智慧服务体系。鼓励和引导大型制造企业基于物流管理数字化外包物流业务，积极与龙头物流企业开展深度供应链业务合作，协同上下游企业，共同打造涵盖生产、销售与物流的供应链组织信息平台，形成生产制造全产业链大数据环境，打造快速响应生产、市场，有效降低库存冗余的智能协同制造供应链。引导各类商贸企业与物流企业深度合作，建立连接市场消费端与生产供应商的智慧商贸物流协同平台，推动建立智能化流通供应链。

（二）推进绿色物流发展

积极采用新技术、应用新设备，创新管理方式，以现代信息技术、通信技术等改造和整合物流管理流程，形成绿色运输、绿色包装、绿色流通加工等协同运行的物流新模式。从环境保护和节约资源双重目标出发，改进物流运行体系，加快正向物流环节绿色化，大力发展逆向物流。从培育和增强国际物流竞争力入手，加快提升我国现代物流业可持续发展能力。

积极倡导绿色供应链发展。大力推进绿色制造，推行产品全生命周期绿色管理。强化供应链绿色监管，探索建立统一的绿色产品标准、认证、标识体系，鼓励采购绿色产品和服务，积极扶植绿色产业，推动形成绿色制造供应链体系。倡导绿色消费理念，培育绿色消费市场。积极推行绿色流通，推广节能技术，加快节能设施设备升级改造，培育一批集节能改造和节能产品销售于一体的绿色流通企业。加强绿色物流新技术和设备研究应用，开发应用绿色包装材料，促进物流包装绿色化、减量化。

鼓励绿色物流基础设施及模式创新。服务生产力布局和城乡居民消费，优化现代物流业空间布局，整合集聚物流设施资源、企业资源、组织资源和信息资源，减少返空、迂回、无效、过远等不合理运输，实现集约化发展，避免重复建设和过多占用资源。优化货物运输结构，推进运输组合模式创新和绿色物流运行创新。科学合理配置各类高效运输装备，大力发展甩挂运输、共同配送、统一配送等先进物流组织模式，促进节能减排。

推广绿色物流技术应用。推广LNG、CNG等清洁能源和电动等新能源运输配送车辆，配套建设加气站、充电站等绿色交通能源设施。采用绿色仓储技术和节能装备，提倡物流加工环节采用环保材料进行简单包装，提高物流包装物重复、回收利用比例，推广托盘等标准化器具循环利用。加快建立绿色物流评估标准和认证体系，确保绿色低碳物流长效可持续发展。

四、培育发展创新赋能的现代物流经济体系

围绕现代化经济体系建设，加强包括物流要素在内的经济要素流动、聚集与融合创新，形成网络化与智能化产业组织形态和模式，提高全要素生产率。探索以现代物流业为基础的枢纽经济、通道经济等经济发展新范式，加快形成现代物流业创新赋能经济发展新格局。

（一）聚集引领，大力发展枢纽经济

以要素的空间、组织、功能等有效聚集和整合为目标，以聚流、引流、驻流和扩散辐射为手段，优化区域经济要素的时空配置，重塑经济产业布局空间和组织格局，全面提升经济运行质量效率。依托我国物流服务网络，汇聚全球要素，提升要素供给质量和配置效率，促进要素供给结构性转换，实现供给端要素整体优化，形成具有比较竞争优势的要素供给新体系，催生产业发展新动能。鼓励城市依托重要物流枢纽，发挥区位优势和资源要素优势，主动谋划加强国际国内区域物流服务要素和产业要素聚集，积极发展

具有物流、产业双规模效应的物流枢纽经济，打造城市经济新增长极，培育新增长点。

（二）创新驱动，推动物流融合发展

充分发挥现代物流业为经济发展创新赋能的引导能力，加快现代物流业与产业高度联动融合模式创新，为相关产业基于供应链服务提升价值创造新空间。强化新技术在物流领域的应用，提升现代物流业服务和要素集成功能，实现对分散的流通渠道、生产组织等高端服务改造，形成定制化、个性化物流服务基础上的生产、生活物流融合发展，推动供应链服务产品创新、产业形态创新，促进农业、制造业、商贸业与现代物流业深层次联动融合发展，打造产业物流融合发展新格局，为产业经济高质量发展赋能。

（三）特色发展，培育城市物流经济

以城市为产业布局载体，以现代物流业服务产业生态格局重塑、经济发展模式转变为内涵，加快区域物流服务要素、产业要素在城市聚集，形成城市经济规模化发展新范式。加强城市经济发展层面的现代物流业、实体产业统筹，通过发挥城市资源、区位优势，优化城市物流与产业空间布局，营造成本效率优化和网络健全的物流环境，促进物流与城市商业渠道、生产协调、金融组织高度融合，为城市经济发展提供新空间和新路径。以数字经济、共享经济、平台经济等为发展新形态，提高城市载体功能，建设高质量物

流枢纽。

（四）区域合作，加快发展通道经济

以“通道+枢纽+网络”的现代物流运行体系建设为牵引，加快物流资源向物流通道聚集，密切通道沿线经济产业联系，打造经济和产业发展走廊，推动通道经济发展。鼓励沿物流通道布局建设物流要素集聚能力强的物流枢纽设施，引导通道运输、物流服务运行系统建设，提高通道物流运行规模化水平，努力降低通道物流成本。培育服务通道经济发展的供应链组织系统，打造供应链运营中心和服务平台，形成通道经济发展新格局。统筹国内国际物流大通道，加快提升长江经济带、西部陆海新通道、丝绸之路经济带、21世纪海上丝绸之路等国际化大通道资源整合能力，打造国际化区域通道经济走廊。

五、健全保障有力的现代应急物流体系

构建保障有力的现代应急物流体系，更好应对突发事件，为经济社会运行提供更具韧性的物流支撑保障。新冠肺炎疫情暴露出我国应急物流网络不健全，应对转运组织能力不足、环节衔接不畅等问题，对此要在充分利用社会存量物流资源的基础上，通过完善设施、加强能力、优化组织、健全机制等，推动构建现代应急物流体系。

（一）完善应急物流设施

在推进国家物流枢纽等重大物流基础设施建设时，充分发挥物流枢纽设施要素聚集优势，将应急物流功能融入建设要求中，加快推动专业化的应急物资储备、应急运输转运等设施建设，形成专业储备、市场储备、运输资源、场站资源高度聚集的空间格局，更好利用国家物流枢纽等重大物流基础设施的全国性物流通道节点和区域物流网络辐射条件，增强多节点、多通道、网络化的应急物流保障能力，实现应急物资跨区域快速调运、区域内有效分拨和配送，提高现代应急物流体系的整体协同性和韧性。

（二）加强应急能力储备

统筹利用规模较大、实力较强、网络化运行水平较高的物流企业，以及集中统一、保障有力的专业应急力量，区分不同应急物流场景、不同应急物流组织环节能力要求，依据相关应急保障预案，将公路、铁路、航运、航空等不同方式，干线、支线、配送等各类物流力量纳入应急物流能力储备体系。同时，不断完善应急物流保障机制，研究建立分级响应的应急物流保障体系，并建立相关重点保障企业、单位名单，明确响应机制、主要功能、任务职责等，加强应急演练，形成平急结合的应急物流能力储备。

（三）强化应急物资管理

构建储备体系完备、数量规模适度、储备模式合理的应急物资管理体系是开展应急物流活动的基础。根据突发公共事件分类，分析各类事件的应急物资需求，进一步完善应急物资储备名录。采用人工智能、大数据预测等科学手段，以省或市为单位对各类应急物资的需求数量进行合理预测，统筹确定各类物资的需求量，在保证应急需求的前提下实现经济成本最小化。坚持市场化储备和政府储备相结合，根据应急物资采购、生产、使用等方面的不同特性，合理确定应急物资的储备模式。

（四）优化应急物流组织

加快推进应急物流体系整体组织架构设计与建设，统筹利用各类应急物流资源，研究构建高度集中、组织有力的应急物流调度平台，高效衔接地方和行业应急平台、国家物流枢纽等重大物流基础设施以及应急物流能力储备，形成坚实可靠、高效响应的应急物流全链条组织基础。充分利用现有物流组织化条件，依托高效的“通道+枢纽+网络”现代物流运行体系，有机嵌入应急物流的运行组织功能，推动形成整体协调、调度有序的应急物流组织体系。

（五）完善应急保障机制

现代应急物流体系建设需要中央和地方政府部门、专业应急力量、市场主体等多方参与，必须依靠完善的调度协调机制确保应急物流体系顺畅运行。要开展应急物流统筹调度协调机制、应急物流能力储备机制、应急物流组织对接机制、应急物流管理机制、应急物流预案机制、应急物流监测与评估机制等研究，逐步形成科学完备的应急物流保障机制框架，为现代应急物流体系建设奠定坚实基础。

六、打造内联外通的现代国际物流体系

按照需求导向和市场化原则推进国际物流通道网络建设，加强国内外合作，加快补齐国际航空物流短板，构建安全可靠的国际物流通道网络。统筹国内外物流通道网络体系建设，打造集中体现物流全流程组织、物流与相关产业深度融合的物流枢纽平台，为我国产业参与全球产业链供应链体系重构、提高国际市场竞争力提供有力支撑。

（一）畅通国际物流通道网络

统筹考虑发展需要，引导企业加强国际物流通道网络能力建设。提高铁路、海运、空运等国际物流通道服务能力，有针对性补齐短板，提高航运、铁路等国际物流大通道能力，为企业开展对外贸易和投资合作提供优质服务。加强与"一带一路"沿线国家互联互通，共建物流配送中心、海外仓等，进一步延伸国际物流服务链

条，提升国际物流服务能力。

（二）打造国际物流组织中心

依托国家物流枢纽等重大物流基础设施，聚集国际物流服务要素，强化国际物流服务功能，打造国际化沿海港口物流枢纽、航空物流枢纽、内陆物流枢纽和陆上边境口岸物流枢纽，完善国际物流通道。发挥国家物流枢纽等重大物流基础设施在国际物流通道服务中的组织作用，形成规模集成效应，加强国际物流信息互联互通与平台化集成，推进物流设施、装备、管理、信息等标准化国际对接，形成高品质的国际物流通道服务产品。

（三）推动国际物流高效运行

加强国际贸易“单一窗口”建设，实现一点接入、共享共用。扩大“先期机检”“智能识别”作业试点。探索完善大宗商品检验监管模式。在有效监管的前提下，科学设置肉类、冰鲜水产品、水果等指定查验场地。发挥好海关特殊监管区等作用，支持产业融合创新。探索安全智能锁在国际铁路班列和跨境公路运输中的应用。加强与周边国家在国际道路运输、国际铁路联运、国际班轮航线、国际航空航线等方面的相互对接，推动国际货物“一站式”运输。

（四）提升国际物流服务功能

依托国家物流枢纽等重大物流基础设施的供应链集成化服务优

势，加速现代物流业与制造业、商贸业融合发展，打造国际大宗商品交易物流平台、跨境电商物流平台等商贸供应链组织平台。围绕制造业国际原材料来源、上下游产业布局、产品市场空间等，提高国际物流通道网络匹配性，推动产业物流集成化与智能化，培育国际制造业供应链组织平台。加强物流、信息、金融等产业服务功能横向集成，培育综合性供应链服务体系，发展生产组织、国际分销、全程物流、金融服务、信息服务等高度融合的国际产业物流服务体系。

（五）防范国际物流运行风险

在坚定不移推进开放发展、强化国际合作的同时，关注新冠肺炎疫情后的国际产业布局调整和国际治理体系发展动向，加强分析评估，防范国际供应链安全风险。充分利用各类供应链物流平台和公共仓储能力，提高供应链在外部冲击下的快速调整和恢复能力，增强我国供应链体系运行韧性。

七、培育分工协同的物流市场主体体系

积极创造公平竞争的良好市场环境，明确物流市场主体发展的引导方向，积极培育形成具有国际竞争力的物流企业，夯实现代物流业提质增效发展的基础。

（一）优化市场环境，维护企业有序竞争

积极营造有利于市场主体发育的有序竞争和合作环境，努力改善市场监管环境。结合现代物流业特点和市场运行结构，深入推进“放管服”改革，引导和支持市场主体发展。重点围绕现代物流业复合型产业特征，以及与相关产业高度融合的业务创新、业态变革等发展要求，进一步简政放权，简化审批流程。加快推进监管模式创新，明确监管范围和重点，维护公平市场竞争环境，推动市场主体结构优化。

（二）鼓励技术进步，推动企业创新发展

顺应现代物流业与产业互联网相结合的发展趋势，鼓励和引导物流企业培育基于数据、算法等的新型核心竞争力，增强发展动力，不断提高物流服务的科技含量水平。加快夯实信息基础网络，加快新型技术推广普及，为物流企业应用现代信息技术进行创新创造条件，鼓励物流企业应用新技术提高物流运作效率和产业运行效率。

（三）引导企业转型，提高发展质量水平

加快国家物流枢纽等重大物流基础设施建设，优化土地等要素投入结构，引导干、支、配、仓企业实现空间整合与业务有效协同，并基于网络化运行带来的降本增效优势，促进企业规模扩张发

展。加强金融支持和服务引导，促进企业围绕网络空间扩张、功能集并延伸等重点方向，开展资产兼并重组和联盟合作，加强市场资源整合，提高市场集中度。

（四）加大开放力度，培育国际拓展能力

鼓励物流企业在规模化、集约化、专业化发展基础上，加强与国内重要制造、商贸等企业业务协作和融合创新，积极参与国际供应链体系重构。把握全面开放发展的大趋势，构建支持上下游产业国际化发展的国际物流体系，强化物流企业国际物流服务和组织能力，打造具有较强国际竞争力的骨干物流企业。鼓励物流企业与制造、商贸等企业合作“走出去”发展，共同创造国际供应链新价值，提高物流企业价值创造能力，改变现代物流服务价值实现方式。

八、夯实科学完备的现代物流基础体系

按照现代物流业高质量发展要求，进一步加强标准、统计、人才、信用等支撑保障体系建设，为现代物流业创新发展、加快转型升级提供更为坚实和强大的支持。

（一）健全物流标准体系

强化标准治理，完善标准体系。创新标准形成环境，以干支配仓整体协同和物流网络化区域协同，推动物流企业规模化发展，在

这一过程中，促进物流标准按照市场化原则加强磨合，为提高物流体系运行效率与物流企业效益水平提供有力支撑。统筹推进物流国家标准、行业标准、地方标准、团体标准、企业标准体系建设，对经市场运行和行业发展检验的物流标准，及时调整标准层级和适用范围，在更大范围、更高层次发挥标准对促进现代物流业发展的积极作用。

（二）完善物流统计体系

进一步完善现代物流统计制度，建立健全反映现代物流业重点领域、重点环节高质量发展的监测指标体系，增强相关企业的物流统计工作意识，提高统计工作水平。研究利用大数据等新兴技术提高现代物流业运行监测分析能力，为相关政府部门分析研判宏观经济和行业发展趋势、研究制定政策规划提供基础依据，为企业顺应形势及时调整经营战略提供参考。

（三）优化物流信用环境

加快构建以信用为基础的新型监管机制，积极开展信用承诺、信用分级分类监管，进一步研究完善守信激励措施，依法依规实施失信惩戒，强化市场淘汰机制，规范现代物流业市场秩序，约束物流企业经营行为，不断提高物流企业整体信用水平，营造诚实守信、公平竞争的良好市场环境，为现代物流业和相关产业健康发展奠定良好基础。

（四）培养一流物流人才

完善物流专业人才培养体系，充分发挥大专院校、科研院所、行业组织等作用，综合采取专业培训、岗位实训等多种形式，加大对不同层次、不同方向的物流人才培养力度，加强高校特色优势物流专业建设，加快形成完备的专业物流人才梯队。深化物流学科领域建设，加强现代物流业与相关产业融合发展所需的复合型人才培养，造就一批掌握现代物流技术、熟悉物流业务管理、具备国际化视野的创新拔尖物流专业人才，为现代物流业健康发展提供有力支撑。打造政产学研用相结合的物流公共科研服务平台，全面提升现代物流业的科技研发和成果转化能力。

参考文献

艾丰，2018. 新时代更加重视融合发展 [N]. 学习时报，2018-05-30 [2020-08-01].

本刊编辑部，2019. 直挂云帆济沧海——新中国成立70周年水运发展成就综述 [J]. 珠江水运（20）：14.

博鳌亚洲论坛，2019. 新兴经济体发展2019年度报告 [R/OL].（2019-03-06）[2020-08-01]. http://www.boao forum.org/xxjjt/44397.jhtml.

董雪兵，李霁霞，史晋川，2019. 塑造区域协调发展新格局 [N]. 人民日报，2019-10-18（7）.

董珍，2018. 不断提升产业集群竞争力 [N/OL]. 人民日报，2018-04-02 [2020-08-01].http://hb.people.com.cn/GB/n2/2018/0402/c192237-31411203.html.

段进军，2020. 新基建要实现“五个结合”[EB/OL].（2020-06-11）[2020-08-01]. http://www.china.com.cn/opinion/theory/2020-06/11/content_76152438.htm.

樊俊杰，2018. 城市物流产业集群生态系统演化及评价研究 [D]. 北京：北京交通大学.

范月娇，2015. 论物流通道及其在区域经济空间结构演进中的地位 [J]. 综合运输，37（5）：52-57.

高国力，2020. 推动形成高质量发展的区域经济布局 [N/OL]. 经济日报，2020-04-20 [2020-08-01].http://www.qstheory.cn/llwx/2020-04/20/c_1125879166.htm.

宫秀芬，2016. 我国物流产业集群模式及形成机制 [J]. 科技促进发展，12（2）：249-255.

郭晓光，张晓东，2012. 应急物流网络规划基础研究 [J]. 综合运输（2）：34-38.

国家发展改革委，中国物流与采购联合会，2020. 2019 年全国物流运行情况通报 [R/OL]（2020-04-23）[2020-08-01]. https://www.sohu.com/a/390432875_120104051.

国家发展和改革委员会经济贸易司，北京交通大学交通运输学院课题组，2018. 加快多式联运发展研究 [R].

国家发展和改革委员会经济贸易司，中国物流与采购联合会，2018. 示范物流园区创新发展报告：2018 [M]. 北京：中国财富出版社.

国家发展和改革委员会综合运输研究所，2009. 中国交通运输发展改革之路——改革开放 30 年综合运输体系建设发展回顾 [M]. 北京：中国铁道出版社.

国家邮政局发展研究中心，2020. 中国快递行业发展研究报告 [R/OL].（2020-06-18）[2020-08-01].http://www.spbdrc.org.cn/xwdt/zxdt/202006/t20200618_2443770.html.

国务院办公厅，2017. 国务院办公厅关于积极推进供应链创新与应用的指导意见 [R/OL].（2017-10-05）[2020-08-01]. http://www.gov.cn/zhengce/content/2017-10/13/co ntent_5231524.htm?trs=1.

何立峰，2020. 在海南建设中国特色自由贸易港，引领更高层次更高水平开放型经济发展 [N]. 人民日报，2020-06-02（6）.

贺登才，刘伟华，2018. 现代物流服务体系研究 [M].2 版. 北京：中国财富出版社.

贺兴东，2014. 用模式创新带动物流园区持续发展 [J]. 中国科技投资（2）：

39-44.

贺兴东，2014. 物流业在新型城镇化发展中的带动作用 [J]. 综合运输（5）：31-37.

贺兴东，刘伟，2015. 物流产业聚集区：机理、路径与实现 [J]. 综合运输（12）：76-80.

贺兴东，2015. 我国物流业的发展特征——增长、周期和随机性 [M]. 北京：电子工业出版社.

贺兴东，2017. 改善长江多式联运供给降低全域物流成本 [J]. 中国经贸导刊（3）：59-62.

贺兴东，2018. 构建与对外开放新格局相适应的国家物流网络体系 [J]. 中国经贸导刊（34）：25-27.

贺兴东，刘伟，汪鸣，等，2020. 打造循环航运物流系统支撑下的长江经济带坝上地区世界级内需型产业集群 [J]. 中国经贸导刊（11）：24-26.

洪俊杰，2020. 稳住外贸基本盘，维护全球供应链 [N]. 光明日报，2020-03-27（15）.

洪俊杰，2020. "双循环"相互促进，高质量发展可期 [N]. 光明日报，2020-07-09（2）.

侯永波，刘晶，2019. 努力建设强大的现代化后勤 [N/OL]. 解放军报，2019-01-17 [2020-08-01].http://military.people.com.cn/n1/2019/0117/c1011-30561117.html.

姜超峰，2020. 从第四次经济普查数据看物流高质量发展 [J]. 中国储运（2）：36.

康福泉，张晓东，2016. 我国铁路物流创新发展的对策探讨 [J]. 中国物流与采购（21）：56-58.

科斯，诺思，威廉姆森，2003. 制度、契约与组织：从新制度经济学角度的透视 [M]. 北京：经济科学出版社.

刘伟，贺兴东，刘文华，2020. 重构我国农产品现代流通体系的对策建议 [J]. 中国经贸导刊（8）：25-27.

刘伟华，刘希龙，2019. 服务供应链管理 [M]. 2版. 北京：中国财富出版社.

隆云滔，王晓明，2020. 推进新基建发展的三个关键 [N/OL]. 长春日报，2020-05-14 [2020-08-01].http://1news.cc/ccrb/pc/paper/c/202005/14/content_1800174.html.

马克思，恩格斯，1965. 马克思恩格斯全集：第46卷 [M]. 北京：人民出版社：31-33.

梅赞宾，汝宜红，宋志刚，2016. 一带一路背景下中国物流企业的国际化路径 [J]. 中国流通经济，30（9）：29-36.

商务部电子商务和信息化司，2019. 中国电子商务报告2018 [R/OL].（2019-05-02）[2020-08-01].http://dzsws.mofcom.gov.cn/article/ztxx/ndbg/201905/20190502868244.shtml.

商务部综合司和国际贸易经济合作研究院，2020. 中国对外贸易形势报告（2020年春季）[R/OL].（2020-06-16）[2020-08-01].http://www.gov.cn/xinwen/2020-06/16/content_5519744.htm.

沈睿，秦玉鸣，2020. 冷链物流：回顾与展望 [J]. 中国储运（4）：43.

宋微，2019. 对外援助推动“一带一路”经贸合作的路径 [J]. 中国国情国力（2）:68-71.

孙学工，王蕴充，2020. 充分发挥我国超大规模市场优势和内需潜力 [N]. 经济日报，2020-05-04.

推进“一带一路”建设工作领导小组办公室，2019. 共建“一带一路”倡议：进展、贡献与展望 [R/OL].（2019-04-22）[2020-08-01].http://www.xinhuanet.com/world/2019-04/22/c_112 4400071.htm.

汪鸣，2014. 物流产业发展规划理论与实践 [M]. 北京：人民交通出版社.

汪鸣，陆华，2018. 论我国物流产业高质量发展的趋势与路径 [J]. 中国物流与采购（20）：54-57.

汪鸣，2019. 国家物流枢纽高质量建设与发展探讨 [J]. 大陆桥视野（9）.

汪鸣，2020. 这次疫情，原本可以提供更好的物流服务 [N/OL]. 2020-02-15 [2020-08-01]. https://www.sohu.com/a/373227674_265147.

汪鸣，谢雨蓉，樊一江，等，2016. 降低物流成本长期路径与当前措施 [J]. 中国经贸导刊（22）：33-34.

王继祥，2019. 深度解析：“互联网+物流”与新时代的基础设施变革与运营思维 [EB/OL].（2019-03-11）[2020-08-01]. https://www.iyiou.com/p/94443.html.

王娟娟，2016. 一带一路经济区现代物流体系构建 [J]. 中国流通经济，30（3）：25-31.

王淑伟，贺兴东，2017. 快递“2.0时代”需关注的重点问题 [J]. 中国经贸导刊（24）：23-25.

王亚红，2018. 改革创新：持续推进军队后勤军民融合深度发展 [EB/OL].（2018-03-24）[2020-08-01]. http://theory.gmw.cn/2018-03/24/content_28091959.htm.

魏际刚，刘伟华，2020. 构建强大智慧安全的制造业供应链体系 [N]. 经济日报，2020-06-24.

吴文化，向爱兵，毛科俊，等，2019. 我国枢纽经济发展理论与实践 [M].

北京：经济科学出版社.

吴文化，向爱兵，2020 .双擎发力 同步推进“新基建”与“老基建”[J].中国经贸导刊（13）：25-27.

向爱兵，2020. 把握基础设施高质量发展着力点 [N/OL]. 经济日报，2020-04-16 [2020-08-01]. http://views.ce.cn/view/ent/202004/16/t20200416_34697242.shtml.

刑虎松，2016. 区域物流合作理论及应用研究 [D]. 北京：北京交通大学.

邢虎松，刘凯，邓元慧，2013. 区域物流合作对区域物流增长的作用机制研究 [J]. 生产力研究（6）:131-133.

尤西 · 谢菲，2019. 大物流时代：物流集群如何推动经济增长 [M]. 岑雪品，王微，译. 北京：机械工业出版社.

张晓东，杨宏燕，2018. 铁路降低社会物流成本对策探析 [J]. 铁道运输与经济，40（3）：10-14.

赵娴，潘建伟，杨静，2019. 改革开放40年中国物流业政策支持的回顾与展望 [J]. 河北经贸大学学报（5）.

中国交通年鉴社，2019. 中国交通年鉴2019 [M]. 北京：人民交通出版社.

中国经济网，2007. 巩固提升上海港枢纽功能加快航运中心建设 [EB/OL].（2007-04-05）[2020-08-01]. http://www.ce.cn/cysc/jtys/haiyun/200704/05/t20070405_10942027.shtml.

中国物流与采购联合会，2018. 第五次全国物流园区（基地）调查报告（2018）[R/OL].（2018-07-30）[2020-08-01]. http://csl.chinawuliu.com.cn/html/19889161.html.

中国物流与采购联合会，2020. 2019中国即时配送行业发展报告 [R/OL].（2020-06-03）[2020-08-01]. https://www.sohu.com/a/399386105_204078.

中国邮政快递报社，2020. 2019年全国快递从业人员职业调查报告 [R/OL].（2020-01-02）[2020-08-01]. http://china.cnr.cn/xwwgf/20200102/t20200102_524923032.shtml.

中华人民共和国国家统计局，2019. 中国统计年鉴2019 [M]. 北京：中国统计出版社.

中华人民共和国国务院新闻办公室，2020. 国防白皮书：抗击新冠肺炎疫情的中国行动 [R/OL].（2020-06-07）[2020-08-01]. http://www.scio.gov.cn/zfbps/32832/Document/ 1681801/1681801.htm.

中华人民共和国交通部，1979. 全国交通统计资料汇编1978 [M]. 北京：人民交通出版社.

中华人民共和国交通运输部，2019. 2018年交通运输行业发展统计公报 [R/OL].（2019-04-12）[2020-08-01]. http://xxgk.mot.gov.cn/jigou/zhghs/201904/t20190412_3186720.html.

中华人民共和国交通运输部，2019. 2019年中国交通运输统计年鉴 [M]. 北京：人民交通出版社.

中华人民共和国交通运输部，2020. 2019年交通运输行业发展统计公报 [R/OL].（2020-05-12）[2020-08-01]. http://xxgk.mot.gov.cn/jigou/zhghs/202005/t20200512_3374322.html.

后 记

在国家发展改革委党组书记、主任何立峰同志的直接领导下，国家发展改革委党组副书记、副主任唐登杰同志的悉心指导下，《构建现代物流体系》已编纂完成付梓出版。本书由国家发展改革委经济贸易司会同国家发展改革委综合运输研究所组织编写。国家发展改革委经济贸易司司长王建军同志、副司长张江波同志和国家发展改革委综合运输研究所所长汪鸣同志负责统筹本书编纂工作，明确总体思路和编写要求。

参与本书具体编写工作的同志主要有：谢雨蓉、陆成云、贺兴东、刘文华、刘伟、王彦庆、王瀚彬、尹子坤、杨玉琪、田怀秀、袁敏、肖光伟、杨浩哲、鞠明玥。本书审稿和出版过程中，袁达、孟玮、韩振海、赵怀勇、张路鹏、李玥、张强、朱冰、李连成、樊一江以及中国市场出版社许寒、钱伟等同志给予了积极支持。此外，贺登才、周志成、张晓东、姜旭等同志对相关内容提出宝贵意见。在此表示衷心感谢。

本书编纂时间较紧，加之编者水平有限，还存在不少疏漏和待完善之处，敬请读者批评指正。

本书编写组

2020年8月

学习贯彻习近平新时代中国特色社会主义经济思想

做好“十四五”规划编制和发展改革工作

| 系列丛书 |

编委会